Éist leis an gCruinne

TUILLEADH LEABHAR GAEILGE LE FÁIL Ó EVERTYPE

Eachtra Eibhlís i dTír na nIontas
(Lewis Carroll, aist. Pádraig Ó Cadhla, 2014)

Éist leis an gCruinne
(Gabriel Rosenstock, 2014)

Cás aduain an Dr Jekyll agus Mhr Hyde
(Robert Louis Stevenson, aist. Conall Ceárnach, 2014)

An Leabhar Nimhe
(Panu Petteri Höglund agus S. Albert Kivinen, 2014)

An tSlaivéin (Panu Petteri Höglund, 2013)

An Leabhar Craicinn (Panu Petteri Höglund, 2013)

Cú na mBaskerville
(Arthur Conan Doyle, aist. Nioclás Tóibín, 2012)

An Hobad, nó Anonn agus Ar Ais Arís
(J. R. R. Tolkien, aist. Nicholas Williams, 2012)

Sciorrfhocail (Panu Petteri Höglund, 2009)

Lastall den Scáthán agus a bhFuair Eilís Ann Roimpi
(Lewis Carroll, aist. Nicholas Williams, 2009)

Cuairt na Cruinne in Ochtó Lá
(Jules Verne, aist. Torna (Tadhg Ua Donnchadha), 2009)

Eachtraí Eilíse i dTír na nIontas
(Lewis Carroll, aist. Nicholas Williams, 2007)

Éist leis an gCruinne

Aistí

Gabriel Rosenstock

evertype
2014

Arna fhoilsiú ag Evertype, Cnoc Sceichín, Leac an Anfa, Cathair na Mart, Co. Mhaigh Eo, Éire. *www.evertype.com.*

Téacs © 2014 Gabriel Rosenstock. An t-eagrán seo © 2014 Michael Everson.

Foilsíodh cuid dá bhfuil anseo cheana ar *Comhar, Bliainiris, An tUltach,* agus *The Irish Times.*

ISBN-10 1-78201-085-8
ISBN-13 978-1-78201-085-2

Dearadh agus clóchur: Michael Everson.
Dutch Medieval Pro an cló.

Clúdach: Mathew Staunton.

Arna chlóbhualadh ag LightningSource.

Clár an ábhair

Foilsitheoireacht na Gaeilge faoi bhláth ~ thar lear

Bunaíodh an comhlacht foilsitheoireachta Nuascéalta sa bhliain 2011, ábhar i nGaeilge, i mBéarla agus sa Chatalóinis á chur amach acu. Ní in Éirinn atá an teach foilsitheoireachta seo ach sa Chatalóin.

Bíonn brí dhiúltach go minic leis an bhfocal "domhandú" ach sa chás seo is gá a mheabhrú dúinn féin go bhfuil seanteorainneacha á leagan agus ní le limistéar na hÉireann amháin a bhaineann imeachtaí ar nós foilsitheoireacht na Gaeilge sa domhan úrnua ina mairimid.

Agus nach breá an rud é go bhfuil foilsitheoireacht na Gaeilge faoi bhláth ar an gcoigríoch, bíodh is go bhfuil deacrachtaí móra le sárú ag gnó na foilsitheoireachta, is cuma cá mbeadh sé lonnaithe.

Ní inniu ná inné a thosaigh an obair seo, ar ndóigh. Mar is eol dúinn go léir, bhí gort na foilsitheoireachta Gaeilge á threabhadh in Antuairp, i Sasana, i Lobháin, i bPáras agus áiteanna eile i gcaitheamh na gcianta. Tá stair na foilsitheoireachta Gaeilge i Meiriceá suimiúil chomh maith, gan dabht, agus tá *An Gael* á fhoilsiú go tréan i gcónaí. An bhfuil aon rud ar siúl sa Mheánoirthear, san Afraic nó san Áise? Aisteach go leor, nuair a bhogann Éireannaigh go Dubai agus áiteanna mar sin, an chéad rud a dheineann siad ná Cumann CLG a bhunú. Ní ritheann sé leo, áfach, iris a bhunú nó leabharlann bheag a oscailt dóibh féin.

Chuala mé an tuairim á nochtadh uair amháin go bhfuil col ag an bhfear Gaeltachta leis an leabhar mar go bhfuil

1

cuimhne shinseartha aige ar an mbíoblóireacht a bhí ar siúl ag lucht an tsúip. Tá dealramh éigin leis an teoiric sin ceart go leor.

Pé ar domhan scéal é, d'fhéadfá a rá go bhfuil foilsitheoireacht na Gaeilge faoi bhláth inniu sa chibearspás agus scata mór leabhar Gaeilge ar fáil anois ó leithéidí Amazon, Kobo, Nook Books agus dreamanna eile nach iad. Is cuma cá bhfuil cónaí anois ort, d'fhéadfá iris Ghaeilge nó blag Gaeilge a fhoilsiú agus éisteacht le Raidió na Gaeltachta, abair, ar do shuaimhneas agus tú ag marcaíocht ar chamall nó ar eilifint duit féin. Cad déarfadh Peig Sayers, n'fheadar. Tá Nuascéalta thuasluaite ann ó 2011 ach fuaireas amach ó bheith ag caint le roinnt daoine le déanaí, daoine ar léitheoirí iad, nach raibh a fhios acu a leithéid de chomhlacht a bheith ann in aon chor. An ré dhigiteach, ré an eolais? Ní gá gurb ea. Tá gá le níos mo bolscaireachta, bolscaireacht de chaighdeán ard, i saol na Gaeilge ~ ag baile agus i gcéin ~ chun cur in aghaidh bholscaireacht impiriúil an Bhéarla.

Cad atá i gceist agam le bolscaireacht impiriúil an Bhéarla? Ná ceap gur rud neodrach is ea teanga. Iompraíonn teanga luachanna áirithe. Tá na luachanna sin le haithint ar fhoilseacháin Bhéarla agus ar chraoltóireacht Bhéarla ach a bheith ag faire amach dóibh. Treisíonn go leor leor nithe an íomhá a bhíonn ag teanga, mar shampla an "gradam" a bhain le popcheol Shasana ó ré na mBeatles ar aghaidh, an "gradam" a bhaineann le hócáidí ríoga, an "gradam" a bhaineann le foirne sacair Shasana, an "gradam" a bhaineann leis an BBC agus go leor leor eile, is míreanna iad sin go léir de phacáiste bolscaireachta an Bhéarla. Gradam eile, ar ndóigh, is ea an teideal "Sir" agus ceapann a lán daoine, is baolach, go n-uaislíonn an teideal sin craoltóirí, tionsclóirí, aisteoirí agus mar sin de agus gur údarásaí iad ar chuma éigin agus teideal mar sin orthu. Bolscaireacht bhaoth arís.

Dhein an British Council tuarascáil a choimisiúnú a léirigh go bhféadfadh fáiltitheoir san Iaráic a thrí oiread níos mó a thuilleamh ach Béarla a bheith aici ná an cailín nach raibh aici ach a teanga dhúchais féin. Gradam agus dul chun cinn eacnamaíoch, is mar sin a dhíoltar an Béarla leis na milliúin ar fud an domhain. Chonaic mé fein fógraí san India agus an teachtaireacht seo acu: Foghlaim an Béarla, Cuir Feabhas ar do Phearsantacht!

Fillimis ar Nuascéalta. An dtacaíonn Rialtas na hÉireann le foilsitheoireacht na Gaeilge thar lear? An Chomhairle Ealaíon, cuir i gcás, Clár na Leabhar Gaeilge (Foras na Gaeilge), Idirmhalartán Litríocht Éireann, ár gcuid ambasáidí agus mar sin de?

Níl a fhios agam an bhfuil gléasanna léitheoireachta in úsáid ag pobal léitheoireachta na Gaeilge nó nach bhfuil. Is dóigh le scríbhneoirí áirithe gur cheart deireadh a chur le cóipcheart. Creidimse go bhfuil ábhar díospóireachta ansin gan amhras. Leabhair a bheith ar fáil saor in aisce do chách? Ábhar machnaimh. Tá scata leabhar ar fáil le híoslódáil saor in aisce ar an mblag agam féin (**http://roghaghabriel. blogspot.ie/**) agus a thuilleadh ag teacht, bunleabhair agus aistriúcháin. Níl a fhios agam cé a léifidh iad ná cén áit ar chlár na cruinne a léifear iad ach tá siad amuigh ansin, saor in aisce, scata acu agus molaim do mo chomhscríbhneoirí céatadán áirithe dá saothar a chur ar fáil ar an dóigh sin.

Rud amháin a thuigeann scríbhneoirí agus foilsitheoirí go dianmhaith is ea an méid seo: níor éirigh linn litearthacht sa Ghaeilge a chur chun cinn i gceart ó bunaíodh an stát. Níl a fhios agam fiú amháin ar éirigh linn meas ar an litríocht a chothú i gceart sna scoileanna. Ní dóigh liom é.

Is i mBéarla a bhíonn fotheidil ar TG4; i bhfocail eile, litearthacht sa Bhéarla atá á cur chun cinn aige! Níl sé ródhéanach an nós sin, an cultúr sin, a athrú agus fotheidil Ghaeilge a chur chun cinn – fiú mura mbeadh i gceist leis sin ach scannán eachtrannach amháin in aghaidh na seachtaine agus fotheidil Ghaeilge air. Buile beag ach buile éifeachtach go maith mar sin féin chun an litearthacht sa Ghaeilge a scaipeadh. Bailíonn brobh beart.

An mbraitheann tú neamhiomlán ar chuma éigin?

An mbraitheann tú neamhiomlán ar chuma éigin? Bhraitheas-sa mar sin ar feadh i bhfad. An mothú sin, a bheith neamhiomlán, is é sin a chomáineann daoine áirithe i dtreo na n-ealaíon, nó i dtreo na spioradáltachta, i dtreo na heachtraíochta, i dtreo an taistil – i dtreo na hiomláine.

D'fhéadfadh go spreagfadh mothú seo na neamhiomláine duine i dtreo na Gaeilge chomh maith, is é sin le rá go mbraithfeá saghas neamhiomlán i d'Éireannach mura mbeadh an Ghaeilge agat.

Maith ann é mar mhothú mar sin má spreagtar daoine chun brí níos iomláine a bhaint as an saol agus an pictiúr iomlán a fheiceáil. Ar ndóigh, d'fhéadfadh an mothú seo daoine a chur i dtreonna eile, i dtreo drugaí agus modhanna chun éalú uait féin, ón bhfolús a bhraitheann tú a bheith ionat. Nach fíor?

Mothú seo na neamhiomláine, rud an-daonna is ea é. Is é a spreagann sinn chun caidreamh a dhéanamh le daoine eile; lánúineacha grámhara, d'fhéadfá a rá go n-iomlánaíonn siad a chéile. Tá dán ag Hemant Divate, file as Mumbai, mar gheall ar phictiúr neamhchríochnaithe agus is mar seo a thosaíonn sé:

> *Tá an péintéir á lorg agam*
> *An té a d'fhág an pictiúr seo neamhiomlán*

Is dán spéisiúil é. Samhlaíonn Hemant go bhfuil an pictiúr ag feitheamh leis an bpéintéir chun é a chríochnú agus is mar seo a chuireann sé deireadh lena dhán:

Bheadh eagla orm
Go mbeinnse mar sin
Neamhiomlán

D'fhéadfadh mothú seo na neamhiomláine a bheith chomh dona sin go mbraithfeadh duine ina ghéarchéim féinaithne é. Sagart abair, a cheisteodh a ghairm. Tarlaíonn sé. Tharla sé don sagart John Main (1926 -1982). D'fhág sé a ord sagartachta, bhain Baile Átha Cliath amach, áit a raibh a mhuintir ag an am, agus dhein staidéar ar an dlí i gColáiste na Tríonóide. As go brách leis ansin agus thosaigh ag obair do na Briotanaigh in Kuala Lumpur. Cé a casadh ansin air ach iógaí mór le rá Swami Satyananda (1923-2008), duine de naoimh mhóra na hIndia a thaistil an domhan (Éire san áireamh) agus an iomláine á teagasc aige.

Ní mantra Indiach a thug Swami Satyananda do John Main, áfach, ach mantra a d'oir dá chreideamh mar Chríostaí. Chuaigh Main leis na Beinidictigh ansin, ord a mheallann daoine a dtéann cultúr na hIndia i bhfeidhm orthu, Bede Griffiths agus Henri le Saux cuir i gcás.

Mhol Main do dhaoine a mbeadh iomláine uathu ina saol, an mantra MARANATHA a rá ~ ceithre shiolla is iad ar comhbhéim agus na siollaí sin a aithris go ciúin duit féin is tú i do Thost, mantra a chiallaíonn "Tar, a Thiarna" i dteanga Chríost, an Aramais.

Déan dhá uair sa lá é, 20 nóiméad ar maidin agus 20 nóiméad arís um thráthnóna, do shúile dúnta is tú suite go díreach agus ar do chompord.

Ná smaoinigh ar aon ní ar leith: dírigh ar an mantra, sin uile. Má thagann smaointe, tagadh: fill ar an mantra.

Tá an cleachtadh tarchéimnitheach sin an-chosúil le TM, ar ndóigh. Más mian leat tuilleadh eolais a fháil ina thaobh seo, is féidir cainteanna áille le John Main a chloisteáil ar an suíomh idirlín www.johnmain.org.

Míníonn Main sna cainteanna séimhe sin conas a chabhraíonn an mantra linn chun an Tost a aimsiú, conas an mantra a rá sa tslí go bhfréamhaítear ionainn é i gceann na haimsire.

Tugann an mantra chun an Tosta sinn agus sa Tost atá an t-iomlán. Ní hé go raibh éinne againn riamh neamhiomlán sa chéad áit ~ níl ann ach nár aithníomar ár n-iomláine.

Tá ár n-iomláine láimh linn ach ligean di bláthú ionainn, anois is go brách. Más ag praeitseáil atáimse anois (agus is ea) is amhlaidh atáim ag súil go n-éistfidh mé liom féin.

Ní éistimid linn féin. Ní fháiltímid roimh an Tost. Moltar leigheasanna éagsúla ar na fadhbanna go léir a bhaineann le hÉirinn agus leis an domhan mór trí chéile, cloistear ar an raidió gach lá iad, ach is ag cur le callán an tsaoil a bhímid go minic seachas á laghdú.

Níl a fhios againn cad is Tost ann mar níl sa saol ina mairimid ach gleo is gleoisíneacht ó dhubh go dubh. Cíor thuathail, istigh is amuigh. Tíoránaigh is bithiúnaigh an domhain, an bhfuil siad ag éisteacht leo féin, an bhfuil siad ag éisteacht leis an gcruinne?

Is léir ó bheith ag éisteacht le cainteanna eolacha John Main go raibh an-chur amach aige ar an traidisiún Giúdach agus ar thaidisiúin spioradálta na Críostaíochta, Thoir is Thiar. As an ngaineamhlach a tháinig an mantra MARANATHA chugainn, siollaí ársa a théann siar go ré na nAspal.

Níl a fhios agam an raibh mórán cur amach ag Main ar chráifeacht na nGael nó an raibh éinne i gColáiste na Tríonóide a thabharfadh eolas dó ina thaobh sin nuair a d'fhill sé ar an áit ina léachtóir ar feadh tamaill.

Tá an Ghaeilge breac le cráifeoga mar is eol dúinn, agus saghas mantra is ea an chráifeog Ghaelach; níl aon amhras ina thaobh sin.

Nuair a mhúchadar an choinneal ag dul a chodladh dóibh istoíche is é a deireadh an seandream: "Nár mhúcha Dia solas na bhFlaitheas orainn!" Is mantra nó cráifeog aoibhinn é sin. Tá na céadta againn díobh mar oidhreacht agus níos mó cumhachta acu ná mar atá ag an gCoimisinéir Teanga, bail air.

As saol mantrach a fáisceadh ár sinsir romhainn. Dá réir sin (agus táim ag cuimhneamh anois ar mo sheanmháthair agus ar dhaoine comhaimseartha léi ar thaobh mo mháthar de), bhí siad in ann maireachtáil leis an Tost.

Ní raibh trup is callán uathu de shíor. Chífeá an Tost sin ina n-iompar.

Deir Main go molann Íosa dúinn an Tost sin, an áit rúnda sin ionainn féin a bhaint amach (Matha 6.5): "Nuair a bhíonn tú chun guí, téigh isteach i do sheomra, dún an doras ort féin..."

Agus aimsigh an Tost.

An Tost a bhraithfeá ar bhruach an Gainséise is é an Tost céanna é ar bhruach na Bóinne. Níl ann ach an Tost. Gan teorainn. Botún is ea é an Tost a lipéadú, Tost an Bhúdachais, Tost an Hiondúchais, Tost na Críostaíochta agus mar sin de.

Is é an Tost céanna i do chroí istigh é. Tá sé in am agamsa anois a bheith i mo Thost agus ligean do dhaoine eile cogar a chur i do chluas:

❖ "Tá an Tost chomh domhain leis an tSíoraíocht, an chaint chomh héadomhain leis an Am." (Thomas Carlyle)

❖ "Is é is brí le Tost ná gan smaoineamh ar bith ag éirí as an aigne. Gan smaoineamh ar bith ag éirí as an aigne, sin is brí le Tost." (Papaji)

❖ "De réir thraidisiún an iarthair agus an oirthir araon, tá an tost riachtanach má tá daoine chun teacht chun cinn. Baintear dínn é ag meaisíní a dhéanann aithris ar dhaoine. D'fhéadfadh go mbeimis ag brath níos mó is níos mó ar mheaisíní chun labhairt agus chun smaoineamh ar ár son, faoi mar atáimid cheana féin ag brath ar mheaisíní ó thaobh chúrsaí iompair de." (Ivan Illich)

❖ "Is binn béal ina thost." (Seanfhocal)

Tagore á chomóradh

Bhí mórchomóradh ar bhreith Rabindranath Tagore (1861-1941) sa bhliain 2011, ní hamháin san India ach in Éirinn agus ar fud an domhain go léir. Nochtadh a bhusta i bhFaiche Stiabhna agus seoladh an leabhar dátheangach *Éanlaith Strae/Strae Birds* i dTeach Uíbh Eachach. File, gearrscéalaí, oideachasóir, drámadóir, cumadóir ceoil, péintéir, úrscéalaí. Bí ag caint ar ildánacht. Cara le Gandhi ab ea é, bíodh is nach rabhadar ar aon fhocal faoi an-chuid nithe. Is é Tagore a chum amhrán náisiúnta na hIndia agus na Banglaidéise araon. Níorbh é an náisiúnachas, áfach, an soiscéal a bhí aige ach an t-idir-náisiúnachas, an bráithreachas. Dúirt Ernest Rhys (1895-1945) ina thaobh: "His temperament, his love of Nature, and the life of meditation that the Indian sun favours, might have led him to retire from the struggle" ~ ach ní hea, siúlach scéalach a bhí sé agus nuair a d'aithin sé an bhrúid sin nach bhfuil marbh fós, an míleatachas ~ agus d'aithin, sa Bhreatain agus sa tSeapáin ach go háirithe ~ níor fhan sé ina thost, é beag beann ar an slua callánach a raibh fonn cogaíochta orthu.

Is maith liom na natháin fhileata a d'fhoilsigh sé sa bhliain 1916, leabhar dar teideal *Stray Birds*. Chuireas Gaeilge air agus Salmon Poetry a d'fhoilsigh eagrán dátheangach de, Béarla-Gaeilge, mar chuid de Chomóradh Tagore.

Bhí ardmheas ag an bPiarsach air agus nuair a bhí Scoil Éanna á bunú aige bhí cuid mhaith de na prionsabail oideachais a bhí mar bhonn leis an scoil a bhunaigh Tagore,

Shantiniketan, mar eiseamláir aige. Is in Amharclann na Mainistreach a chéadléiríodh dráma de chuid Tagore, *Oifig an Phoist*, sa bhliain 1913 faoi stiúir Lennox Robinson, agus bhí léiriú speisialta de ar mhaithe le ciste Scoil Éanna. An bhliain dár gcionn, d'fhoilsigh an Cuala Press, comhlacht foilsitheoireachta a bhunaigh muintir Yeats, an dráma sin.

Nuair a léimse *Stray Birds/Éanlaith Strae* tá níos mó ná déantús Tagore á léamh agam, braithim; tá tnúthán an duine gach áit ar domhan á léamh agam, tá anam na hIndia agam á léamh agus croí Tagore, croí a ndeachaigh saol agus teagasc an Bhúda agus Mahavira i bhfeidhm go smior air, croí ar chuir filíocht Kalidas agus Kabir sceitimíní air, croí a d'éist go hurramach is go háthasach le filí móra an traidisiúin dheabhóidigh (*bhakti*), croí a lig dó féin a bheith faoi anáil fhilíocht na ndaoine ina theanga féin, Beangáilis, croí a bhí corraithe ag na filí fáin, na Bauls, dream atá fós linn agus meisce Dé orthu i gcónaí.

Tá tuairim agam go dtaitneodh sé le Tagore go bhfuil fáil ar an leabhrán beag sin aige, *Stray Birds*, i nGaeilge anois. Mar a dúirt sé féin: "What is needed is eagerness of heart for a fruitful communication between cultures. Anything that prevents this is barbarism..." Áiméan.

Tá na céadta amhráin a chum Tagore i mbéal mhuintir na hIndia go dtí an lá inniu. Chanadh an Mháthair Treasa go fonnmhar iad. Chuaigh ceol na hÉireann (Moore's Melodies) i bhfeidhm go mór air agus é i Londain, mar a thuairiscigh sé ina chuimhní cinn:

> When I came back home I sung the Irish melodies I had learnt to my people. "What is the matter with Rabi's voice?" they exclaimed. "How funny and foreign it sounds!" They even felt my speaking voice had changed its tone.

Tá daoine a déarfadh nach n-oibríonn na natháin fhileata aige in *Éanlaith Strae/Stray Birds* don Ghaeilge in aon chor. A leithéid seo, mar shampla: "Dála mhianta an domhain, bíonn na crainn ar a mbarraicíní chun spléachadh a fháil ar Neamh." Tá an ceart acu. Ar shlí. Ní oireann siad don Ghaeilge. Ní bhíonn crainn ar a mbarraicíní! Agus cad iad "mianta an domhain" in ainm Chroim? Agus mar sin de. Ach tá a lán lán rudaí i litríochtaí móra an domhain nach n-oireann don Ghaeilge. An ionann sin is a rá nach ceart don Ghaeilge dul in aice leo? Tá stuif sa Bhíobla nach bhfuil ag teacht le *sensibilité* ná dúchas na Gaeilge, *Laoi na Laoithe*, cuir i gcás. Ba bhotún é más ea an Bíobla a aistriú go Gaeilge, ab ea? É seo, abair, as *Laoi na Laoithe*:

Crann úll thar chrainn na coille
mo ghrása thar fir. Faoina scáth suím, mar ba mhian
liom;
milis le mo bhéal a úlla...

Daoine eile agus mhaífidís a mhalairt, is é sin go bhfuil na línte sin chomh dúchasach le *Dónall Óg* nó amhrán Gaeilge ar bith is mian leat a lua.

An rud is nádúrtha amuigh ná ligean do theanga a bheith ag fás mar is toil léi féin. Má fhásann sí i dtreonna áirithe, níl aon rud faoin spéir a dhéanfaidh mise ná tusa a stopfadh í; má dhiúltaíonn sí dul i dtreo eile ní chuirfeadh seacht gcathlán na Féinne iallach uirthi dul sa treo sin. Agus sin sin.

Tá scata daoine ann a deir, "Más mian liomsa *Stray Birds* a léamh léifidh mé sa Bhéarla é!" (Nó sa bhun-Bheangáilis.) "Cén fáth a mbeadh leagan Gaeilge uaim?" Tá go maith. Léigh sa Bhéarla é mar sin. Tá aithne agamsa ar scata Gearmánach, scata Sualannach agus scata Dúitseach a bheadh in ann *Stray Birds* a léamh sa Bhéarla, gan stró; ina dhiaidh sin is uile, dá mbeadh leagan de ar fáil ina dteanga féin, is túisce a léifidis sa teanga sin é.

Is eagrán dátheangach, ní eagrán Gaeilge, é *Stray Birds/ Éanlaith Strae* a d'fhoilsigh Salmon Poetry. Níl dóthain leabhar dátheangach againn. Tugann an leabhar dátheangach deis dúinn an dá theanga a bhlaiseadh, ná cáilíochtaí a bhaineann leo a mheas is a chur i gcomparáid lena chéile, iontas a dhéanamh de na nithe is féidir a rá chomh héasca sin i dteanga amháin agus na nithe sin nach féidir a rá sa teanga eile chomh deismir céanna a thabhairt faoi deara; tugann an téacs dátheangach deis dúinn chun teorainneacha teanga a thuiscint, an méid is féidir a rá, an méid nach féidir, agus machnamh a dhéanamh ar na cúiseanna a bheadh leis sin.

Ní hé amháin nach bhfuil dóthain leabhar dátheangach againn, níl dóthain dátheangachais againn. Fotheidealú cuir i gcás. Bíonn fotheidealú Béarla ar fáil ar TG4. Ach cad faoi fhotheidealú Gaeilge? Dá mbeadh scannáin idirnáisiúnta á dtaispeáint ar TG4 an t-am go léir agus fotheidealú Gaeilge orthu, cá bhfios ná go ndéanfaí leathnú ar an litearthacht agus b'fhéidir go mbeadh níos mó léitheoireachta ar siúl sa Ghaeilge dá thoradh sin.

Sampla den dátheangachas seo atá á lua agam anois as *Stray Birds*:

Páiste sa dorchadas mé
Sínim mo lámha trí chuilt na hoíche chugat, a Mháthair.

I am a child in the dark.
I stretch my hands through the coverlet of night for thee,
    Mother.

Cad atá á rá aige anseo? An ag caint leis an oíche atá sé? Lena mháthair féin a cailleadh nuair a bhí Tagore óg? Nó an ag caint le máthair na cruinne atá sé? Cuimhnigh gur tír is ea an India atá ag cur thar maoil le bandéithe. An ag caint lena anam féin atá sé? Cá bhfios. Iad go léir, seans. Tá rud amháin cinnte. Bíonn an Scáil agus an Solas le feiceáil i ngach a scríobhann sé: *surke/durke* (ina theanga féin), nach bhfuil rófhada ó *sorcha/dorcha* na Gaeilge, an bhfuil? Níl aon amhras ná go bhfuil Tagore imithe as faisean, áfach. (Chonac léiriú ar dhrámaí dá chuid *Red Oelanders* agus *The Post Office* in Amharclann Beckett, Coláiste na Tríonóide, sa bhliain 2012 agus mheasas go rabhadar "dátaithe".) An saghas seo cainte, mar shampla, meastar inniu é a bheith saonta, leanbaí:

Nuair a bheidh sreanga uile mo shaoil curtha i dtiúin,
a Mháistir, ansin gach uair a leagfaidh tú méar orthu
scaipfear ceol an ghrá.

Meastar a leithéid sin a bheith maoithneach, ró-idéalaíoch, as tiúin ar fad leis an saol. Cé atá as tiúin? Tagore? Sinne?

Ar mhaith leat saol eile
ar fad a bheith agat?

A r mhaith leat saol eile ar fad a bheith agat? Ar mhaith leat rud éigin a dhéanamh nár dhein tú riamh cheana, rud éigin fíor-eachtrúil nó rud éigin dána, tamall a chaitheamh le striapach nó le gigolo abair? Agus ní gá go mbeadh a fhios ag éinne! Nó ar mhaith leat tú féin agus d'íomhá a athchruthú ón mbonn agus d'aislingí go léir a fhíorú?

Is féidir aon rud is mian leat a dhéanamh má chláraíonn tú leis an suíomh 3-D Second Life. An bhfuilimse tar éis clárú le Second Life? An bhfuil saol eile agamsa? Níl mar a tharlaíonn. Níl saol eile agam, seachas saol na samhlaíochta ar ndóigh agus sin é mo shaol féin. Nílim ag brath ar éinne eile chun nithe a shamhlú ná a chruthú dom. Níor chláraíos le Second Life mar sin. Agus ní chlaróidh. Is nílim in éad leis na milliúin is na milliúin atá cláraithe leo. Ina dhiaidh sin is uile, níl aon amhras ná gur suíomh dochreidte ar fad atá ann. Scanrúil, ar go leor bealaí.

I measc na roghanna atá agat ar Second Life tá, mar shampla, Imagine Nest. Tionscadal ealaíne idirghníomhach is ea Imagine Nest a chruthaigh AuraKyo Insoo, suíomh a dhéanann ceiliúradh ar an tsamhlaíocht, ar thaibhrimh agus ar an ngrá trí mheán na dealbhóireachta ar scála mór. Cad eile a bheadh uait!

Caithfidh mé a admháil nach raibh cloiste agam faoin AuraKyo Insoo seo (is breá liom an t-ainm is an sloinne) agus ar eagla go bhfuil an saol mór ag caint mar gheall uirthi i ngan fhios dom agus toisc nár mhaith liom go mbeifí á rá gur ainbhiosán mé, dheineas beagán taighde ina taobh agus fuaireas amach gur ealaíontóir le Second Life is ea í. B'fhéidir gur cheart gur in Second Life is cóir do scríbhneoirí na Gaeilge a bheith ~ tá an dara suí sa bhuaile tuillte acu. Ar aon nós, is cosúil gur Airgintíneach í an AuraKyo Insoo seo, bail ó Dhia is ó Mhuire uirthi, ealaíontóir, dearthóir faisin agus gníomhaí sóisialta. Cén dearcadh atá aici ar an ealaín? Ligimis di féin an chaint a dhéanamh: "Rún is ea an ealaín, eastát beannaithe, míorúilt, seachmall, cogar agus liú." Ambaiste, tá a lán lán ansin, nach bhfuil? Seachmall, a dhuine. Ciméara. Nach seachmall 3-D nó brionglóid atá in Second Life? Bhuel, dar le AuraKyo, ní domhan in aon chor é Second Life ach cruinne iomlán. Cruinne! Agus tá na milliúin is na milliúin á slogadh isteach sa chruinne sin. Bíodh. Ní shlogfar mise. Ní mheallfar mé. Doshlogtha atáim. Domheallta go huile is go hiomlán. (Go fóill ar aon chuma.)

Ní chláróidh mé leo. Ní inniu ná amárach ar aon nós. Níor mhaith liom a rá nach meallfar ann go brách mé mar cá bhfios, má mhairim, b'fhéidir nach mbeidh aon rogha agam. B'fhéidir nach mbeidh ann amach anseo ach an Dara Saol agus an saol mar is eol dúinn inniu é ag bailiú dusta istigh i músaem éigin.

Munar spéis leat domhan nó nead (nó cruinne) AuraKyo b'fhéidir gur mhaith leat cuairt a thabhairt ar an mbithsféar atá cruthaithe ag Second Life duit. Buailfidh tú le muca ansin agus toirtís ghleoite atá ag snámh thart go suairc di féin i lochán tanaí. Rud beag a rith liom: an dtiocfaidh aois ar an toirtís sin go deo nó an mbeidh sí fós ag lapadaíl léi go sona sásta i gceann míle bliain? Is dócha go mbeadh orm clárú le Second Life chun an t-eolas sin a fháil amach agus nílim chun clárú leo, go raibh maith agat.

Cad eile a d'fhéadfadh Second Life a dhéanamh duit. Dhera, a dhuine, níl léamh, scríobh ná insint béil ar líon na seirbhísí atá acu. An raibh tú riamh in Svarga? Bhuel, ní Aer Lingus ná Ryanair a thabharfaidh ann tú ach foiche ollmhór. Oileán trópaiceach is ea Svarga, is cosúil, agus i measc na n-áiseanna iontacha atá ann tá gléasanna ceoil neamh-choitianta, aon cheann déag díobh, agus d'fhéadfá seisiún breá a chur ar bun duit féin dá mba mhian leat. Nílim cinnte an bhfuil cead agat do bhodhrán féin a thabhairt leat go Svarga. Is dócha go mbeadh orm clárú le Second Life chun é sin a fháil amach agus nílim chun clárú leo.

Is dócha go mbeidh Gaeltachtaí fíorúla againn go luath, mura bhfuil siad ann cheana féin, agus go bhféadfá cuairt a thabhairt orthu agus snas a chur ar do chuid Gaeilge gan an seomra suí a fhágáil in aon chor. Ní dhéanfadh sé sin aon mhaitheas don gheilleagar áitiúil, áfach, an ndéanfadh? Dá mbeadh táille cláraithe i gceist, ar ndóigh, níor ghá go mbeadh na fíor-Ghaeltachtaí thíos leis. Murab ionann agus an scéal mar atá faoi láthair, dá raghfá go dtí an Ghaeltacht le dream éigin ar nós Second Life seachas Gaelsaoire, d'fhéadfá luí le bean an tí dá mbeadh an fonn sin ort.

I measc na bpobal ról-imeartha atá cruthaithe ag Second Life agus a chuirfidh fáilte is fiche romhat tá New Wonderland. Bí i dteannta Alice i dTír na nIontas! Nó mura dtaitníonn Alice leat, cad déarfá le Tol Narwa Vire, oileán niamhrach. Ag feitheamh leat ansin tá sióga, maighdeana mara agus vaimpírí. Ní i dtuilleamaí an Bhéarla a bheidh tú an t-am ar fad má chláraíonn tú le Second Life. Ceantar Gearmáinise is ea Fenragon, sráidbhaile ón 14ú haois. B'fhéidir go mbraithfeá sa bhaile san áit sin, cá bhfios.

Má tá na milliúin ag clárú le Second Life – agus tá – is dócha go gciallaíonn sé sin nach róshásta atá siad leis an saol atá acu, na créatúir. Feictear domsa, mura bhfuil tú sásta leis an saol atá agat ní shasóidh saol ar bith eile thú.

Mura bhfuil tú sásta leis an saol seo, ní ar an saol an locht ach ort féin. Nach ea? Ar aon nós, seachas cúrsaí gnéis, taistil, fantaisíochta agus ealaíne, an bhfuil aon rud eile ag Second Life? Cúrsaí spóirt? Cinnte. Cúrsaí spioradálta? Gan amhras! Is cás le Second Life do chuid sainriachtanas go léir. Caith tamall mar sin i Mainistir Felix Meritis. Tá sé tuillte go maith agat. Déanfaidh an tséimhe an-mhaitheas do d'anam cráite. Agus mura dtaitníonn gnáthmhainistreacha leat, ná bí buartha; d'fhéadfá cuairt a thabhairt ar Theampall Shaoilin agus Tai Chi a fhoghlaim, an druma a bhualadh, do scíth a ligean sa ghairdín dín agus machnamh a dhéanamh nó coinneal a lasadh ar son do chairde. Las coinneal domsa más é do thoil é. Lasfainnse ceann duitse, tá a fhios agat é sin. Ní bheidh mé in ann, áfach; mar nílim chun clárú le Second Life.

Ina dhiaidh sin is uile, caithfidh mé a rá go bhfuil cuma spéisiúil ar an Acadamh Misteach acu, áit ina bhfoghlaimeoidh tú conas a bheith i do Dhraoi. I do Dhraoi, a dhuine! Ná habair liom nár mhaith leat a bheith i do Dhraoi. Mheasas gur theastaigh ó gach éinne a bheith ina Dhraoi. Bhuel, ní dócha é. Cad dúirt an naomh fadó, "Is é mo Dhraoi Críost Mac Dé..."

Cúrsaí a bhfuil tábhacht leo, seans

Ó d'éirigh mé as An Gúm sna nóchaidí tá níos mó ama agam chun féachaint amach an fhuinneog. Tá snag breac sa ghairdín. Ar shlí níl aon tábhacht mórán leis mar éan. Ar shlí eile, níl aon ní níos tábhachtaí ná é. Seans go bhfuil Barack Obama (abair) níos tábhachtaí ná é. (Nó Ó Buama mar a thugann Titley air.) Seans go mbeidh Obama ina Uachtarán ar na Stáit Aontaithe lá breá éigin sula n-éagfaidh mo Róisín Dubh. *[Bhí an ceart agam sa mhéid sin!]* Níl mórán i ndán don snag breac, an bhfuil? Ar ndóigh, má chreideann tú san athionchollú, d'fhéadfadh an snag breac teacht ar ais agus a bheith ina Phápa lá breá éigin. Ar mo leabhar breac! Ach bheadh deacrachtaí áirithe ansin aige sa mhéid is nach ngéilleann an Pápa don athionchollú. Pé scéal é...

Feicimse an snag breac le mo dhá shúil féin. Cloisim an snag breac le mo dhá chluas féin. Tá sé os mo chomhair agus na habairtí seo á m*breac*adh síos agam. Is ann dó, ar feadh meandair. Is cuid dem shaol anois é. Is cóngaraí dom é ná Obama (ná an Pápa ná aon stróinséir eile is mian leat a lua, ná cara fiú). Tagann is imíonn an snag breac ar scáileán mo shúl, más mian leat, faoi mar a thagann is a imíonn Obama agus é ina cheannlíne nuachtáin. Níl mórán difríochta idir an dá fheiniméan seo ach go mb'fhéidir gur léire é an t-éan ná an duine. Domsa ar aon nós. Ina dhiaidh sin is uile, b'fhéidir nach ann do cheachtar acu ach mar a bheadh scannán ann.

Infheistímid brí i gceannlínte seachas a chéile agus tá an baol ann go bhfuil cultúr na gceannlínte ag dul i bhfeidhm orainn go léir; fiú na daoine sin nach léann nuachtán in aon chor; má théann siad go dtí an siopa ag an gcúinne chun bainne nó arán a cheannach, siúd ag drannadh os a gcomhair iad ceannlínte na nuachtán tablóideach. Léan orthu!

Bhí lámh agam féin san obair mhaslach sin fadó agus mé ag obair don nuachtán *ANOIS*. Na focail is na habairtí sin go léir, na scéalta a bhí le cumadh, na foinsí a bhí le seiceáil is le hathsheiceáil, an ghramadach a bhí le ceartú, na botúin chló, na fógraí a bhí le haistriú, na leathanaigh is na grianghraif sin go léir, na fotheidil faoi na grianghraif, na scéalta nó na tuairimí ar measadh tábhacht a bheith ag baint leo ag an am, cá bhfuil siad anois?

An bhfuil aon ní níos uaigní ná sean-nuachtán? An t-alt seo, braithim go bhfuil sé ag éirí beagáinín uaigneach cheana féin. Sean. Caite. Gan bhrí. Tugann sé sin ar ais go dtí an snag breac mé, an dtuigeann tú? Máistir Zen is ea an snag breac. Níl aon ní smolchaite ag baint leis. Is beo beathach bríomhar breabhsánta é mar éan buile, saghas ceannlíne dhubh is bán is ea é nach n-éiríonn an nuacht aige stálaithe go deo. Is é do bheatha!

Ní Meiriceánach mé mar sin nílim in ann vóta a chaitheamh, vóta a chuideodh le seansanna Obama um Shamhain. I bhfocail eile, nílimse in ann cor ar bith ~ dá laghad é ~ a chur i gcinniúint Obama ná i gcinniúnt an tsnaga bhric dá n-abrainn é. (Níl aon ghinideach ar Obama ach féach an ginideach álainn atá ar an snag breac! Agus tá daoine ann ar bhreá leo fáil réidh leis an nginideach. An as mo mheabhair glan atá siad?!))

Deir Críostaithe áirithe go bhféadfainnse guí ar son Obama. Ach má tá daoine eile ag guí ar son McCain, cad a tharlóidh ansin? Ní thuigim. An mbeidh troid mhór ar neamh idir an dá arm paidreacha? Nó an é an líon is mó paidreacha a bhuafaidh an cás i ndeireadh an lae? An féidir paidir mar seo a rá, "A Dhia, ná lig do McCain buachan?" Is ceist í sin a chuirfinn ar dhiagaire dá mbeadh clár raidió ann agus diagaire ina bhun ach is leathamadáin iad (i gcead dóibh) go leor de na láithreoirí atá anois ann toisc, is dócha, go bhfuilimid tugtha, mar éisteoirí, thar aon ní eile, don bhrilléis. Easpa brí. Scanraíonn brí sinn. Dáiríre. Ar easpa brí a mhairimid.

Tá Obama i gcéin. I bhfad i gcéin, san Oileán Úr. Ní fheicim é ná ní chloisim é. D'fhéadfá féachaint air agus éisteacht leis ar ar an teilifís, ar ndóigh, ach ní hé an rud céanna é. Ach ~ stop! Ná habraimis go bhfuil an snag breac chomh tábhachtach le hObama. Nach bhfuil bua na reitrice ag Obama tar éis an tsaoil. Nach duine é! Níl ag mo shnag breacsa ach "geac-geac-geac" agus an méid sin féin go snagach aige.

Bíonn snaga breaca mar pheataí ag daoine áirithe, a raibh a fhios sin agat? An-chompánach is ea é ach gur bailitheoir nithe geala é; mar sin caithfear spéaclaí, spúnóga, seodra, eochracha agus mar sin de a chur i bhfolach uaidh. Sciobfadh sé fáinne na Gaeilge féin! (Ean gallda é a tháinig anall chugainn leis na Normannaigh, dála an scéil.)

Caithfidh grá a bheith agam don snag breac agus grá a bheith agam d'Obama. Ab ea? Is ea, is dócha, mar aon dream amháin is ea sinn, mise, tusa, Obama agus an snag breac. Saghas *apartheid* a bheadh ann sinn a scarúint óna chéile. Sin an tuiscint a bhainimse as leabhar mistéireach atá á léamh agam gach oíche ~ sea, gach oíche ~ le bliain anuas, *I Am That* le Sri Nisargadatta Maharaj, an leabhar is dúshlánaí dár léas go dtí seo, ar go leor bealaí. Á léamh gach oíche a bhíos agus mé ag súil go bhfanfadh cuid de im cheann nó im chroí nuair a dhúiseoinn an mhaidin dár gcionn, nó fiú mura ndúiseoinn.

Sa chéad áit, níl aon bhonn le hObama ná leis an snag breac, a déarfadh Nisargadatta, ná le haon ní eile a dtagann athrú is claochlú air. Leoithní is spraisteacha seo dheireadh an tsamhraidh, cén bonn atá leo? Leá chúr na habhann is dán do gach aon ní. Is amhlaidh don Am agus don Spás, ní hann dóibh dáiríre. Samhlaíocht ghlan, a léitheoir dhil. Níl bonn faoi aon ní ach an réaltacht atá anseo, Anois, faoi láthair ann. (Ní hionann Anois agus an páipéar marbh den ainm céanna!)

Bhuel, tá bonn faoin snag breac mar sin mar is i láthair atá sé. (Gabh mo leithscéal, bhailigh sé leis ó chianaibhín nuair a bhí m'airdse ar na focail seo ach gach seans go mbeidh sé ar ais.)

Thar a bhfaca tú riamh! A leithéid de shorcas! An snag breac ar ais agus cara mór leis ina theannta. Seó is ea an domhan, cur i gcéill, a deir Nisargadatta. Ní fheicimse ~ is ní fheiceann tusa ~ ach domhan príobháideach, brionglóid. Is é is grá ann ná an aontacht a fheiscint, an aontacht sin atá laistiar den éagsúlacht go léir a bhraitear a bheith ann. Grá, sin uile!

Níl a fhios agam an duine é Obama a fheiceann an aontacht sin. Tá súil agam go bhfeiceann.

Beannaithe i measc na mBishnoi

Ní dhéanfadh bean as Baile Átha Cliath 4 é. Ní dhéanfadh, ná in aon áit eile in Éirinn ~ cíoch a thabhairt d'ainmhí, oisín, abair, a bhí fágtha ina dhílleachta. Ach sin iad na Bishnoi duit, mionlach beag i Rajasthan na hIndia. Tá 600,000 díobh ann ach fós is mionlach beag iad i bhfoilchríoch dhaoineach na hIndia. An ait leat an focal "dílleachta" in úsáid agam? Nach daoine amháin ~ páistí ~ a fhágtar ina ndílleachtaí? Ní hea, a deir na Bishnoi. D'fhéadfadh camall a bheith ina dhílleachta. Agus an ceart acu! Tá an t-ainmhí chomh luachmhar leis an duine i súile na mBishnoi.

Cé hiad féin agus cad is bunús lena gcreideamh neamhghnách? Ní ghlacann siad leis an nós atá coitianta i measc a gcomhthíreach, an marbhán a chréamadh. Adhlactar na Bishnoi. Níor mhaith leo go bhfágfaí na péisteanna bochta gan suipéar. Agus cén fáth a marófá crann chun duine marbh a dhó? Fastaoim, a deir na Bishnoi.

Ní leagfaidís crann ar ór ná ar airgead. Fanann siad go bhfaighidh an crann bás nádúrtha sula mbaineann siad leas as an adhmad. Is snoíodóirí den scoth iad. Is diail an dream iad i ngach slí, im thuairimse. Éiclaochra leis na cianta, blianta fada sularbh ann don choincheap ná don téarma sin. Cá bhfaighfeá a macasamhail ar chlár na cruinne!

Cén fáth a bhfuil meas an domhain acu ar an dúlra, ar ainmhithe agus ar phlandaí? Ní hé go bhfuil an ceantar ag brúchtáil le torthúlacht. Ni hé Machaire Méith na Mumhan é. Gaineamhlach atá ann. Cuireann na Bishnoi umair uisce ar fáil do na fianna i gcaitheamh an tsamhraidh. Tuigeann siad go maith cad is triomach ann.

Abraimis go raibh nead seangán sa chomharsanacht agus na seangáin ag máirseáil isteach sna tithe acu. Cad a dhéanfadh na Bishnoi sa chás sin? An nead a scriosadh ab ea? Ní hea ach cloch a leagan ar bharr na neide; sa tslí sin, bogfaidh na seangáin i dtreo éigin eile agus ní chuirfidh siad isteach ar na Bishnoi níos mó.

Fear a rugadh sa bhliain 1451, Jambaji nó Jambeshwar Bhagavan, a chuir tús leis na Bishnoi. Chuir sé naoi bprionsabal is fiche os comhair an phobail agus ghlacadar leo ~ "bish" is ea fiche agus "noi" is ea naoi: Bishnoi! I measc na bprionsbal sin bhí comhbhá leis an uile ní beo, veigeatóireachas agus ionracas. Agus tá na Bishnoi ag seasamh go stóinsithe leis na prionsabail sin ó shin, bail ó Dhia orthu.

Má chloiseann siad go bhfuil dream éigin amuigh ansin i mbun seilge, cloisfear an liú "Shikar!" (Seilg!) agus brostóidh na Bishnoi chun na hainmhithe a chosaint! Nach iad na laochra uaisle iad!

Sular cailleadh a ngúrú, Jambaji, dúirt sé go mbeadh an boc dubh ann i gcónaí mar shiombail nó mar léiriú ar a ghrásta. Is ionann boc dubh a mharú mar sin agus an gúrú a mharú. Bí cúramach! Má tá fút cuairt a thabhairt ar Rajasthan lá breá éigin, seachain nach dtabharfá cic do bhoc dubh nó bheadh boc de Bhishnoi sa mhullach ort sula mbeadh am agat "Dia le m'anam" a rá. Dáiríre. Ní haon jóc iad.

Ní hamháin go seachnaíonn siad alcól, drugaí agus tobac, ní ólfaidís braon tae fiú amháin ar eagla go n-éireoidís rothugtha dó. Dream tufáilte is ea iad gan aon agó. Neamhspleách. Diúltaíonn siad glacadh le cúnamh ón Rialtas in am an ghátair.

Tá a gcuid mairtíreach féin acu agus ní dhéanfaidh siad dearmad orthu. Beag an baol. Duine acu, Amrita Devi, í féin agus breis is 360 Bishnoi a fuair bás agus iad ag iarraidh a gcuid crann a chosaint. Tuairim is 200 bliain ó shin bhí crainn ag teastáil ó Mhaharaja Jodhpur dá phalás agus chuir sé a chuid saighdiúirí amach á leagan. Bhuel, chuala sibh trácht ar hipithe (agus fílí, nó cuid acu ach go háirithe) a bhéarfadh barróg ar chrann? Nár rug Amrita Devi agus a cairde barróga ar na crainn ach má dhein leagadh iad go léir i dteannta na gcrann. (Dícheannaíodh Amrita Devi bhocht.) Cuimhneofar go brách orthu. Tá súil agam.

Ná ceapaimis gur scéal an-ait é scéal na mBishnoi mar nach ea. Bhí tráth ann agus bhí caidreamh beannaithe againne, leis, le ríocht na n-ainmhithe agus leis an timpeallacht go léir. Mar a deir Miranda Green sa leabhar *Animals in Celtic Life and Myth* (Routledge, 1992), "Every tree, mountain, rock and spring possessed its own spirit or noumen." Agus níl an creideamh sin marbh ar fad, mar is eol dúinn.

Nuair a bhí an tótamachas i réim in Éirinn bhí ceangal speisialta againn leis an bhfia, cuir i gcás, an broc, an béar, an fiach dubh, an dobharchú, an eala, an fiolar, an luch, an lon, an torc, an capall, an cat, an faolchú, an cú, an eascann, an bradán. D'imigh an bradán feasa agus tháinig an bradán deataithe ina áit.

N'fheadar an sean-Cheilteach go bunúsach mé, ach táim thar a bheith tógtha leis na héin. Sa leabhar *Celtic Spirituality* le Oliver Davies agus Thomas O'Loughlin (Paulist Press, 1999) léitear:

> Birds may have been in some sense auguries in pre-Christian Ireland, and the religious iconography of the continental Celtic tradition is full of the representation of deities as animals and birds. It is possible that practices that could be classed as quasi-shamanistic formed part of religion in some parts of

the early Celtic world and that ancient animal figures
are actually men or women dressed up as animals.
There is some evidence from Ireland that early bards
wore a costume of bird-feathers, and transmogrifica-
tion plays a significant part in the mythology of both
Wales and Ireland.

N'fheadar an bhfuil macalla le fáil ar an méid sin i "muince
dreoilín" Mhichíl Uí Airtnéide? Ní déarfaidh mé faic faoin
eireaball spideoige ach go bhfuil móitífeanna go leor amuigh
ansin don scoláire cíocrach, móitífeanna a cheanglaíonn sinn
le gach dúil bheo agus le hadhradh na ndúl.

Más ait leat scéal na mBishnoi níl naomhsheanchas na
hÉireann ar eolas agat mar tá na scéalta sin breac le tagairtí
don ghaol speisialta a bhí ag na sean-naoimh le ríocht na
n-ainmhithe.

Naomh nár chuala mé trácht uirthi go dtí le déanaí is ea
Naomh Melangell. Banphrionsa Éireannach ab ea í a
dtugtar ómós di go dtí an lá inniu i dtuaisceart na Breataine
Bige. Sa bhliain 604 chuaigh an Prionsa Brychwel Ysgithrog
ag fiach giorria. Tháinig an lucht seilge ar an maighdean,
Naomh Melangell, agus í i mbun rinnfheithimh i lár an
uaignis. Bhí tearmann faighte ag an ngiorria faoi fháithim a
gúna. Bhí an prionsa chomh tógtha sin léi gur chuir sé
tearmann á thógáil di san áit sin agus is iomaí duine agus
ainmhí a fuair sólás ann ón lá sin amach. Go dtí an lá inniu,
ní sheilgtear an giorria sa dúiche sin. Bheadh Naomh
Melangell ag baile i measc na mBishnoi.

"Meine Connections sind total okay"

Cúrsaí teanga atá idir chamáin in Uimh. 91 den iris *Art &*
Thought - Fikrun Wa Fann, iris a thugann lón
machnaimh dom i gcónaí agus atá ar fáil saor in aisce tríd
an bpost: **www.goethe.de/fikrun**

Meabhraíonn Jürgen Trabant dúinn gur féachadh ar Thúr
Bháibil mar mhallacht, i bhfocail eile pionós a chuir Dia
orainn ab ea éagsúlacht teangacha! Shíl réabhlóidithe na
Fraince go mbeimis níos fearr as gan ach teanga amháin
uilíoch a bheith againn; tá tuairim agam narbh í an
Bhriotáinis a bhí ar aigne acu.

Féachaimis siar ar Thúr Bháibil. Deir an Sean-Tiomna linn
gur "labhair daoine an teanga chéanna agus na focail
chéanna ar fud an domhain mhóir." Ach cad a dheineadar
ansin? Thógadar túr dóibh féin. Caithfidh nach raibh cead
pleanála acu mar bhí an Tiarna i bhfeirg leo:

> "Téanam," a dúirt Sé, "téimis síos agus déanaimis
> cíor thuathail dá dteanga ar an bhfód i dtreo nach
> dtuigfidís caint a chéile a thuilleadh." Agus má
> léimise Trabant i gceart, bheimis mallaithe go deo
> murach tíolacadh na Cincíse, is é sin le rá ní gá go
> mbeadh aon teanga amháin againn chun go
> dtuigfimis a chéile. Faoi mar a deirtear i nGníomh-
> artha na nAspal: "Féach," ar siad, "nach Gailíligh iad
> seo go léir atá ag caint? Conas a tharlaíonn go
> gcloiseann gach duine againne iad ag labhairt inár
> dteanga dhúchais féin?"

Deir Uwe Pörksen gur i mBéarla seachas ina dteanga féin a scríobhann formhór mór na n-acadúlaithe Gearmánacha sa lá atá inniu ann. Scanrúil! Má sheasann tú i stáisiún traenach sa Ghearmáin feicfidh tú go bhfuil an Béarla i réim, focail ar nós *Intercity, Departure, Cool Drinks* agus mar sin de. *Reisezentrum* an focal a bhíodh le feiceáil ar Oifig na dTicéad. *Servicepoint* atá tagtha ina áit. Maíonn Pörksen go bhféadfadh teanga iompó ina canúint mura mbaintear leas aisti sa réimse poiblí.

Seans maith gur glaine í an Ghaeilge ná an Ghearmáinis. Cé a chreidfeadh é! Cloistear abairtí "Gearmáinise" mar seo sa ghnáthchaint: déagóir a bhí ag iarraidh a rá go réitíonn sé go maith lena mhuintir, "Meine Connexions zur Family sind total okay."

Ar an taobh eile den scéal, tá daoine ann a deir gur rud nádúrtha is ea é focail ó theangacha eile a thógaint ar iasacht. Ní rabhamar riamh aonteangach. Ní féidir a rá go bhfuil máthairtheanga amháin ag duine agus gur teanga iasachta gach teanga eile ~ miotas a chruthaigh an náisiún-stát é sin. Bhí teangacha á meascadh riamh san Eoraip, an Laidin agus an teanga áitiúil mar shampla. Seo abairt ón ailceimiceoir Paracelsus, a deir, "Más mian leat go leigheasfaí thú, ná hinsteall uisce san fhiostúl" ~ "Si vis curare, noli sprützen aquam in die fistel" ~ meascán uafásach ach inghlactha go maith ag an am, is cosúil. Tháinig deireadh le tionchar na Laidine agus ón seachtú haois déag ar aghaidh bhí an-tionchar ag an bhFraincis ar an nGearmáinis.

Téanam anois go Báibil na hAfraice agus alt iontach san iris chéanna ag Khadi Fall, duine atá ag obair san Aireacht Oideachais i bPoblacht na Seineagáile agus atá an-dian ar a tír féin san alt seo. B'fhéidir go bhfuil deireadh leis an gcoilíneachas ach tá *apartheid* teanga fós in áiteanna ar nós Phoblacht na Seineagáile. Ní in Éirinn amháin a bhí an bata scóir. Dá mbeadh sé de dhánacht ag páiste ar bith an

Volaifis nó teanga eile seachas an Fhraincis a labhairt chuirtí pionós ar an bpáiste sin, ar mhaithe leis féin gan dabht. Is í an Fhraincis teanga na cumhachta sa tSeineagáil. Mura dtuigeann 60% de dhaonra na tíre sin an Fhraincis ná na reachtanna is na rialacha go léir atá scríofa sa teanga sin, cén seans atá acu dul chun cinn a dhéanamh sa saol nó athrú ar bith a chur i bhfeidhm ar an gcóras sóisialta agus polaitíochta ann? An bád bán an t-aon éalú ag a lán acu. Tá nath cainte ag aos óg na tíre, Barça nó Barzak. Seasann Barça le haghaidh Barcelona agus iasacht ón Araibis is ea Barzak a chiallaíonn Bás. Ní fios líon na Seineagálach a bádh san Atlantach ar a mbealach chun na Spáinne. Ní thuairiscítear sna meáin ceann de na cúiseanna a bhfuil éadóchas ar Sheineagálaigh óga – níl dul chun cinn ar bith i ndán dóibh ina dtír féin mura bhfuil acu ach a dteanga dhúchais!

Chuir an tOllamh Cheikh Anta Diop teanga na Seineagáile, an Volaifis, ar leabhair mhata agus fisice agus é deimhneach gur chóir oideachas lán-Volaifise a chur ar mhuintir a thíre. Chuir uachtarán na tíre ag an am, an file Léopold Sedar Senghor, cosc air.

Rugadh Marica Bodrožić sa Dalmáit agus tá cónaí anois uirthi i mBeirlin. Ní tír í an Dalmáit, ar ndóigh, ach réigiún. Sa Ghearmáinis a scríobhann Marica. Tháinig duine chuici tar éis di léamh filíochta a thabhairt agus ar sise, "Is mór an pléisiúr é a bheith ag éisteacht leat agus an tslí a gcuireann tú tú féin in iúl sa teanga seo againne." Sa teanga seo againne? Nach liomsa an teanga seo? arsa Marica. Tá úrscéal 367 leathanach scríofa aici sa Ghearmáinis. Ná habradh éinne nach léi an teanga. Tá teanga ar nós an ghrá, ar sí. Ní le héinne í. Tá sí saor, faoi mar atá an grá saor. Tá sí saor agus mór, ar nós an aigéin a gcothaíonn craobhaibhneacha é agus nach mbeadh ann in aon chor murach iad.

Is dóigh le Marica go bhfuil a bua féin ag gach teanga. Agus tá, gan amhras. Ní fhéadfadh teanga na síocanailíse teacht chun cinn i dteanga ar bith eile seachas an Ghearmáinis, dar léi. Samhlaigh gur theith an Freudach ó Vín go Baile Átha Cliath, gur thug grá don Ghaeilge, go raibh sé ar dhuine de chomhbhunaitheoirí Chonradh na Gaeilge. An mbeadh sé in ann anailís a dhéanamh ar a chuid brionglóidí trí mheán na Gaeilge, nó anailís a dhéanamh ar bhrionglóidí an Phiarsaigh?

Tá an friotal agus an téarmaíocht ann inniu, gan dabht, mar is teanga an-fhorbartha í an Ghaeilge. Ach an mbeadh an Freudach caite amach as an gConradh dá mbeadh caint ar siúl aige ar an "tréimhse shádach anasach", cuir i gcas? (An bhfuil tú in ann Béarla a chur air sin? Freagra: *anal-sadistic phase.*)

Samhlaigh a cholún féin aige, "Seal le Sigmund", sa *Chlaidheamh Soluis*: "A Ghaela, beidh mé ag scríobh inniu ní ar an tréimhse iontach a chaitheas ar an mBlascaod Mór agu snas agam á chur ar mo chuid Gaoluinne, ach ar an tréimhse shádach anásach nach ionann é in aon chor agus pian sa tóin. Is é atá ann ná an dara céim d'fhorbairt shícíghnéasach an linbh nuair a bhaintear pléisiúr as an eisfhearadh ..." Agus dúirt an Freudach, dála an scéil gurb iad na hÉireannaigh an t-aon chine ar domhan nach féidir sícanailís a dhéanamh orthu. Ar mo leabhar!

Fuadach eachtardhomhandach
i nDún na nGall

Níl a fhios agam cén Ghaeilge atá ar "alien abduction". Fuadach eachtardhomhandach, ab ea? N'fheadar an dtarlaíonn a leithéid in aon chor nó an samhlaíocht ar fad é? Go maithe Dia dhom é ach nár bhreá leat dá bhfuadódh na heachtardhomhandaigh cuid de dhomhandaigh Dháil Éireann agus an tSeanaid. B'fhéidir go bhfoghlaimeodh an dream seo againne cleas nó dhó ó na spásairí chun sinn a tharraingt as an abar ina bhfuilimid.

Déarfadh síciatraithe gur dócha gur scitsifréine nó hipearmáine nó galar intinne éigin a bhí ar mháthair Chathail Uí Shearcaigh, bean a chaith a lán ama i measc na síóg, mas fíor di féin. Rith sé liomsa gur fuadach eachtardhomhandach a tharla di. An cuntas a fhaighimid ar mháthair an fhile an chuid is corraithí dá chuimhní cinn, *Light on Distant Hills*, a d'fhoilsigh Simon & Schuster sa bhliain 2009. Is trua nach i nGaeilge a scríobhadh é. Níl an Béarla rómhaith ag déileáil leis an saol eile.

Deir an t-údar, "My mother was an inveterate traveller in the otherworld; a regular visitor to unearthly parts." Tá go leor sa mhéid sin. Nílimid lánchinnte an taistealaí in aghaidh a tola ab ea í nó nach ea. An léir dúinn ón abairt thuas cad é an saol eile seo go díreach agus conas dul isteach is amach ann? Cuairteoir rialta ab ea í. Cuairteoir. Faoi mar ba rud nádúrtha é. Bothántaíocht. Airneán. Agus cad is brí le "unearthly"? Neamhshaolta? Eachtardhomhandach?

Dhein an Searcach an-iarracht go deo chun tuiscint a fháil ar ghalar a mháthar. Ach cá bhfios nach galar ach bua é a bheith in ann cuairt a thabhairt ar chríochaibh neamhshaolta. Agus ar aon chuma, nach bhfuil litríocht agus béaloideas na tíre seo ag cur thar maoil le tagairtí don saol eile? Tá ar ndóigh.

Anois, má dhein eachtardhomhandaigh tú a fhuadach, ná téir i dteagmháil liomsa mar gheall air. Le do thoil. Ná scríobh chugam. Ná cuir glao teileafóin orm. (Níl fón póca agam, mar a tharlaíonn, agus is annamh a fhreagraím an fón sa halla. An uair dheireanach a d'fhreagraíos an fón bhí fónaí éigin ag iarraidh fón nua a dhíol liom.) Ná cuir ríomhphost chugam. Ní bheidh mé in ann comhairle do leasa a chur ort. Is dóigh le daoine áirithe má scríobhann tú aiste nó dhó don Irish Times go gcaithfidh go bhfuil meáchan céille agat. Is éadrom-mheáchan mé fad is a bhaineann sé le fuadach eachtardhomhandach, bíodh an méid sin soiléir.

Bíonn daoine ag scríobh chugam, an dtuigeann tú. Is dóigh liom gur eachtardhomhandaigh is ea cuid acu. An bhféadfainn labhairt amach faoi seo nó siúd, an bhféadfainn alt a scríobh mar gheall ar XYZ ~ scannal! ~ caithfidh duine éigin scríobh mar gheall air. Bhuel, a deirimse, labhair amach ina thaobh tú féin. Nó fostaigh púca pinn. Ní hin an Ghaeilge oifigiúil ar "ghost writer" ach scáthscríbhneoir. Ach cad tá cearr le púca pinn? Nach ceart go mbeadh vóta againn? Cén fáth a bhfuil an focal "scáthscríbhneoir" againn? Téarmaíocht éigeantach! Tá vóta uainn! Tá guth uainn! Saoirse!

Bhí ainmneacha ag máthair an tSearcaigh ar an slua sí. Ní haon dream amháin iad na daoine maithe (más maith atá siad). Tá scata acu ann, mar a bheadh treibheanna ann. Slua díobh b'as Caor an Airgid iad. Rud nach bhfuil soiléir in aon chor ón leabhar ná an méid seo: an raibh an t-ainm sin, agus ainmneacha eile nach iad, i mbéal na ndaoine nó an i mbéal mháthair Chathail amháin a bhí siad? Más i mbéal a mháthar amháin a bhíodar, cá bhfuair sise iad mar ainmneacha? Ar chum sí an t-ainm Caor an Airgid? Gar do Shliabh Sneachta atá Caor an Airgid ach níl sé ar aon mhapa. Ar mhapa aigne mháthair an fhile a bhí sé agus is soiléir a bhí sé ann.

Tá leabhar filíochta ag an Athair Micheál de Liostún dar teideal *Screadfaidh na Clocha Amach*. Thuig máthair Chathail caint na gcloch. Dúirt sí leis uair amháin go raibh cloch tar éis a rá léi go raibh gála chucu ó Ghleann Tornáin. Agus b'fhíor don chloch. Ba ghearr go raibh sé ina ghála. Cuimhnigh ar éifeacht na tairngreachta sin ar gharsún óg.

Bhí sáreolas ag máthair Chathail ar an Eall, abhainn, ar Agall, áit chnocánach, Donn an Domhain, áit sceirdiúil neamhthorthúil, Pulc, cathair an óir, Ball na mBuacán, cathair thoirmiscthe. Istoíche a raghfá go dtí na háiteanna sin. Ní fhéadfá dul ann faoi sholas an lae. Na háiteanna sin go léir, tíreolas agus logainmneacha na n-áiteanna dofheicthe sin, tá draíocht mhillteanach ag baint leo: Tulc, Ruacan, Fán, Daol, Ston, Idir Eatarthu (an ceann is deise liom), Dearg na gCorr agus Scan.

Bhíodh an slua sí ag glaoch uirthi. Dúirt sí lena maicín óg uair amháin go raibh báibín as Co. na Gaillimhe fuadaithe ag lucht Chaor an Airgid agus go rabhadar ag glaoch uirthi mar go raibh banaltra chíche uathu. Nuair a cheistíodh Cathal í faoi na háiteanna sin is é a deireadh sí ná gur ar imeall neamhní a bhíodar.

Bhí cónaí ar neacha fadghéagacha i nDearg na gCorr, tuairim is seacht n-oíche siar uathu. Ní i slata ná i mílte a deineadh an t-aistear a thomhas ach ina oícheanta. Bhíodh saghas ióga ar siúl ag na neacha sin chun an domhan glioscarnach ina mhaireadar a chaomhnú agus a íonghlanadh. Ba nós leo seasamh ar chos amháin ar feadh trí lá in abhainn gheal, leathshúil leo druidte agus iad ag cantaireacht. Bhí púdar draíochta acu a dheineadar as beacáin agus caora dearga, púdar a d'iompraítí i bpúitse ar a dtugtar "bolg an tsolais" agus bhí gá acu le duine daonna chun an bunábhar a bhailiú. Agnes, máthair Chathail, an duine sin. Bhí uirthi na muisiriúin agus na caora a mheilt ansin le tuairgnín airgid. Mheascadh saoi ansin ina phúdar é thuas in Inis Ór na gCorr, oileán spéire. Is bhí na neacha sin ar a sáimhín suilt agus caor na mbeacán, mar a thug Agnes ar an gcógas, á ghlacadh acu gach lá.

Dhein na neacha osnádúrtha sin Agnes a ghlanadh sula ligfí isteach i ríocht an tsolais í. Bhíodh sí cuachta faoi scragall geal de shaghhas éigin agus chuirtí isteach i ngléas gaile ansin í lena sciomradh agus nuair a thagadh sí amach bhíodh sí chomh geal le scilling nua. Ní go dtí sin a ligtí di dul ag piocadh na gcaor is na mbeacán.

Agus conas a bhain sí na háiteanna sin amach? Fuair sí síob, a duirt sí, ó dhath. An dath gorm. Is fearr ná ficsean a bheadh bunaithe ar fhuadach eachtardhomhandach an cuntas éachtach a thugann Cathal dúinn ar aistir dhiamhra a mháthar. Ach an ficsean é? Nó an bhfuil fírinne ann, fírinne atá ceilte ar dhaoine normálta? Léigh an leabhar. Nílimse chun a thuilleadh a rá.

Machnamh ar chúrsaí féiniúlachta

Leabhar faoi chlúdach bog. Níl sé sin chomh maith leis an bhfocal "paperback", an bhfuil? Níl sé sách gonta. Braithim nach téarma ceart in aon chor é, nach focal úsáideach é ar nós "paperback" ach é mar a bheadh cur síos ann. Ní bheidh sé go deo mar chuid den ghnáthchaint. Ach cad is gnáthchaint ann? Ar aon nós, cheannaíos leabhar faoi chlúdach bog le déanaí. I bPáras a foilsíodh é den chéad uair, sa bhliain 1998, faoin teideal *Les Identiés meurtrières.* Amin Maalouf an t-údar. *On Identity* teideal an leagain Bhéarla de. Ní hé gach éinne a chuireann spéis i gcúrsaí céannachta nó i gcúrsaí féiniúlachta. Más de chúlra measctha thú, cuirfidh tú spéis i gcúrsaí féiniúlachta luath nó mall agus is de chúlra an-mheasctha é Maalouf sa mhéid gur de mhionlach Críostaí i ndomhan Arabach é.

Tráth den saol bhí Éire aonchineálach a bheag nó a mhór. Má ba Lochlannaigh, Normannaigh nó Sasanaigh iad do shinsir romhat ní rabhais ag seasamh amach rómhór dá dheasca sin ~ Éireannach nó Gael ab ea thú. Tá Éire ilchineálach le tamall anuas. Is dóigh liom go bhfuil glactha againn cuid mhaith leis an ilchineálachas seo, ar an taobh ó dheas den teorainn ar aon nós. (Tá cónaí ar iníon liom sa Trasalváin agus n'fheadar conas a mhínigh sí dá comharsana thall conas go raibh ar 115 Róma tearmann a lorg i séipéal i mBéal Feirste theas i mbliain seo ár dTiarna 2009.)

Ceann de na deacrachtaí a bhaineann le téama den sórt seo a phlé is ea an téarmaíocht, ar ndóigh. Cuir i gcás an nath Béarla, "a sense of identity". Cén Ghaeilge a chuirfeá air sin? Bhuel, is cosúil go bhfuil dhá shlí chun é a rá, "mothú ionannais" agus "mothú sainiúlachta". Anois, tá mearbhall orm, caithfidh mé a rá. Chonaiceamar thuas go bhfuil dhá fhocal (ar a laghad) ann a sheasann do "identity" an Bhéarla, is é sin "céannacht" agus "féiniúlacht". Ach nuair is gá "a sense of identity" a rá, féach nach bhfuil ceachtar den dá fhocal sin in úsáid: tarraingíodh dhá fhocal eile isteach, "ionannas" agus "sainiúlacht". Munar féidir glacadh le haon téarma amháin ní dhéanfaimid aon dul chun cinn agus beidh mearbhall ionannais, sainiúlachta, céannachta agus féiniúlachta orainn go léir.

D'fhág Maalouf an Liobáin sa bhliain 1976 agus chuir faoi sa Fhrainc. Ba san Arabais a léigh sé Dickens agus Dumas agus *Gulliver's Travels* agus é ina gharsún. Leath-Fhrancach agus leath-Liobánach é mar sin, ab ea? Fastaoim, a deir sé. Ní féidir an fhéiniúlacht a roinnt ná a bhriseadh síos mar sin. Aon fhéiniúlacht amháin atá aige, a deir sé, seachas féiniúlachtaí éagsúla. Pointe spéisiúil.

Is dóigh le Maalouf go mbíonn brú ar dhaoine a bhféiniúlacht bhunúsaíoch a chur in iúl na laethanta seo, bíodh sé sin bunaithe ar chúrsaí creidimh, ar chúrsaí náisiúnta, ar chúrsaí eitneacha agus aroile agus nuair a aimsítear a leithéid go ndéantar gaisce mar gheall air. Luann sé, abair, an duine a rugadh i mBéalgrád a raibh máthair Sheirbeach aige agus athair Crótach, nó an Hútú atá pósta ar an namhaid, an Tutsi, nó an Meiriceánach ar fear gorm é an t-athair agus Giúdach í an mháthair.

Níos cóngaraí don bhaile: an bhfuil féiniúlacht Eorpach ag teacht chun cinn anois? An mbraitheann na Bascaigh, na hAlbanaigh an tEorpachas seo nó an bhfuilid níos Bascaí, níos Albanaí ná riamh? Tá an-spéis ag Maalouf i gcúrsaí coiriúlachta agus i gcoireanna atá á ndéanamh in ainm na féiniúlachta. Bí ag faire ar an nuacht anocht agus bí ag smaoineamh ar an bhfocal "féiniúlacht" go bhfeicfidh tú.

Tuigeann sé go bhfuil domhandú cultúir ag cur brú ar dhaoine agus d'fhéadfadh an brú sin dul i dtreonna difriúla ~ a bhféiniúlacht á fágáil ina ndiaidh ag daoine áirithe nó í á brú rómhór chun cinn ag daoine eile. Agus an cheist mhór, ar ndóigh, ná cad is brí le domhandú cultúir? Cultúr an Iarthair ag scaipeadh ar nós an diabhail, ar ndóigh. Cathain a tharla sé, n'fheadar? Cathain a thosnaigh an leathnú amach sin? Sa chúigiú haois déag? Chonaic mé clár teilifíse le déanaí a léirigh anoiricse ar chailíní na hIndia agus iad ag déanamh aithrise ar mhainicíní an Iarthair.

Iartharú seo an domhain cruthóidh sé go leor fadhbanna fós. Beidh tíortha ann agus braithfidh siad gur cultúir theipthe is ea iad i gcomparáid leis an domhan "forbartha". Beidh drochmheas ag na daoine sin ar a gcóras traidisiúnta leighis mar go ndeir dochtúirí an Iarthair leo nach bhfuil ann ach piseogacht; déanfaidh siad dearmad ar a gcuid scoláirí, a gcuid saighdiúirí, a gcuid naomh, a gcuid filí, a gcuid taistealaithe etc. mar nár chuala muintir an Iarthair aon trácht orthu, ergo níl aon mhaith iontu.

Deir Maalouf go bhfuil muintir na Fraince, nó cuid díobh, le ceangal mar gheall ar an Meiriceánú atá ar siúl ina measc. Cuireann siad a mallacht, a deir sé, ar Hollywood, ar CNN, ar Disney, ar Microsoft agus cíorann siad na nuachtáin ó chlúdach go clúdach agus samplaí á lorg acu de thruailliú teanga nó Angla-Mheiriceánú. (Mheabhróidís athbheochantóirí na Gaeilge dhuit, ar shlí, nó an dream a bhí naimhdeach in aghaidh an Bhéarlachais.)

Féachaimse an-mhinic ar an stáisiún nuachta France 24. Faighim léargas eile uaidh agus is minic go mbíonn díospóireachtaí éirimiúla ar siúl ag na láithreoirí le comhfhreagraithe ar fud an domhain. Feictear dom go bhfuil meas ar an intleacht sa Fhrainc (an bhfuil rud éigin san uisce?) agus meas ar aclú na hintleachta nach bhfaightear chomh coitianta sin in Éirinn. B'fhéidir go bhfuil na Francaigh níos fearr ná sinne chun smaointe casta teibí a chur i bhfocail. Seans go bhfuil cuid den bhua sin pioctha suas ag Maalouf. Mar shampla, deir sé go bhfuil dhá oidhreacht ag gach duine sa lá inniu. Tá an oidhreacht "ingearach" ann. Tagann an oidhreacht "ingearach" anuas chugainn ónár sinsir, ón gcreideamh agus ó nósanna agus traidisiúin an phobail; ach tá oidhreacht "chothrománach" ann chomh maith agus is ónár gcomhaimsearaigh agus ón aois ina mairimid a fhaighmid an oidhreacht áirithe sin.

Tá rudaí spéisiúla le rá aige faoi chúrsaí teangacha. D'fhéadfá Eabhrais, Arabais, Iodáilis agus Sualainnis a labhairt, cinnte, ach ní fhéadfá a bheith id Ghiúdach, id Mhoslamach, id Chaitliceach agus id Phrotastúnach san am céanna! Tá Maalouf go láidir ar son chearta teanga. Caithfimid a bheith an-airdeallach, a deir sé, le cinntiú go bhfuil cearta teanga ag cách. Is dóigh leis go bhfuil an ceart sin níos tábhachtaí ná saoirse creidimh fú amháin.

Ní mór dúinn ár gcaidreamh le teangacha eile a neartú, a deir sé. Aontaím ar fad leis sin. Ní mór dúinn an t-ilteangachas a neartú in Éirinn chomh maith. Níos luaithe i mbliana nuair a bhí pleidhcí ag teacht go dtí an doras ag lorg mo vóta, mheabhraíos dóibh go raibh na céadta teangacha aitheanta ag na cúirteanna in Éirinn, gur tír ilteangach is ea sinn agus gur cuid d'Eoraip ilteangach is ea sinn agus cén fáth gur i mBéarla amháin a bhí na bileoga suaracha acu.

Ag caint ar an Eoraip, b'fhearr le Maalouf go mbeadh Frainciseoirí ar Ghearmánaigh iad agus Gearmáiniseoirí ar Francaigh iad ag caint lena chéile ná go mbeadh an Béarla mar bhonn leis an gcaidreamh Gearmánach-Fhrancach. Tá an Béarla riachtanach, dar leis, ach ní leor é.

Haiku: an féidir filíocht a thabhairt air?

Dá n-éireoinn tuirseach de haiku d'éireoinn tuirseach den domhan, déarfainn, agus tuirseach den teanga, tuirseach den bhriathar is a chumas chun léargas a thabhairt dúinn ar nádúr an domhain agus nádúr an duine.

In aon líne amháin (ach ina trí chuid) a bhíonn haiku na Seapáine:

a ghuth
sciobtha ag solas na gealaí
cat bán

Sayumi Kamakura

Go leor de na haiku clasaiceacha nó comhaimseartha a bhfuil leagan Gaeilge díobh tugtha anseo agam, tá siad léite agus athléite cheana agam. Is deas liom filleadh orthu féachaint an aimseoinn rud éigin iontu nach bhfaca mé cheana. Uaireanta feicim tréithe iontu a shleamhnaigh uaim ar an gcéad léamh, nó braithim rud éigin diamhair nár bhraitheas cheana, nó d'fhéadfadh go mbuailfeadh an haiku mé a bheag nó a mhór mar a bhuail nuair a léas an chéad uair é ~ agus is an-teist ar dhán, ar amhrán nó ar haiku é sin. Filíocht is ea nuacht a fhanann nua, mar a dúirt an té a dúirt. Nach bhfuil draíocht sa haiku thuas agus sa chéad cheann eile thíos? Tá, ar ndóigh, agus níl aon mhíniu air! Sin is mistéir ann. Sin is mistéir na filíochta ann. An filíocht atá sa haiku mar sin? B'fhéidir gurb ea. B'fhéidir nach ea. B'fhéidir gur rud eile ar fad is ea é, rud éigin atá gaolta leis an bhfilíocht ach nach dán é mar a thuigtear an focal sin go coitianta (má thuigtear!):

> splanc thintrí ~
> fuaim an drúchta
> ag sileadh de bhambú
>
> Buson

Cé chomh mór is a mhúnlaíonn ár lón léitheoireachta sinn nó cé chomh mór is a thugtar chún míneadais nó a mhalairt sinn tríd an méid a léimid? Seans maith go bhfuil breis is 50,000 haiku léite agam i gcaitheamh mo shaoil is níor dheineadar puinn dochair dom! (Go bhfios dom.) Ar dheineadar maitheas dom? Dheineadar rud éigin. Dheimhníodar dom go bhfuil mistéir éigin ag rith trí gach aon ní agus bheadh sé chomh maith agam a bheith i mo chodladh go sámh, nó marbh ar fad, mura mbraithfinn an mhistéir sin ó lá go lá agus í ag éirí níos mistéirí an t-am ar fad:

> duilleog bhuí
> ag eitilt
> trí chomhrá
>
> Ljerka Postek Jelaca

Tá haiku go diail ar fad chun sinn a thalmhú agus chun a mheabhrú dúinn is cuma cad atá ar siúl againn ~ nó cén comhrá atá ar siúl againn, linn féin nó le daoine eile ~ go bhfuil domhan mór amuigh ansin, domhan a bhí ann romhainn, domhan a bheidh ann inár ndiaidh, domhan a bhfuil síorathrú ag teacht air an t-am go léir, domhan ársa, domhan nua. Domhan is ea é ina bhfuil cur isteach á dhéanamh ar an gciúnas an t-am go léir:

liú na mban ~
cearc bhreá ag eitilt léi
i dteannta an fhiolair

Dina Franin

Ach filleann an ciúnas i gcónaí agus fillimidne ar an
gciúnas. Líonann an dea-haiku le ciúnas sinn agus ní ciúnas
é a dhéanann corrthónach sinn ach an ciúnas sin ar cuid dár
bhfíornádúr é:

an chéad sneachta ~
seál bronnta
ar an sceach lomtha

Vjera Majstrovic

Ceangal is ea an haiku, ceangal idir sinn is an talamh,
ceangal idir sinn is neamh.

fear bréige ~
thit i ndiaidh a mhullaigh ~
cuachann an talamh lena ucht

Wim Lofvers

Mheabhródh sé tréanna na Gaeilge duit, ar shlí. Na trí
ghlór is binne amuigh?

géim bó
meilt bró
béic linbh

Tá rud éigin ag baint le trí líne, nach bhfuil? Nó haiku aon
líne ina thrí chuid. Is dóigh le daoine áirithe gur rud
neafaiseach is ea an haiku, rud a bhaineann le froganna
agus bláthanna agus a leithéid agus nach meán é a théann

i ngleic le cora crua an tsaoil. Tá dul amú orthu. Tá haiku cogaidh léite agamsa ón gCróit agus ó na críocha Balcánacha tré chéile a chuirfeadh alltacht ort:

> páiste gan chosa
> a dheora á lí
> ag gadhar gan súile
>
> Enes Kisevic

Más dánta in aghaidh na cogaíochta atá uait níl domhan an haiku gann orthu. Cailleadh deartháir Nick Virgilio i gCogadh Vít-Neam:

> cónra faoi bhratach:
> scáil an bhuabhallaí
> ag sleamhnú isteach san uaigh

Is dócha gur rud is ea haiku mura dtugann tú seans duit féin ní bhfaighidh tú blas ceart go deo air; ach tá rud amháin cinnte, a luaithe is a a fhaigheann tú blas air, clic! lasfaidh solas éigin idir do dhá chluas agus beidh léamh eile ar fad agat ar an domhan ina dhiaidh sin; feicfidh tú nithe nach bhfaca tú cheana – nó b'fhéidir gur ag ligint ort nach bhfaca tú faic a bhí tú:

> geimhreadh:
> cacann cat strae
> sa ghairdín

Is sampla maith é sin ó Shiki den rud a nglanaimid as ár n-aigne. Ach glanann haiku an aigne chun ligint dúinn gach rud a fheiscint, a chlos, a mhothú, is a bholú.

An bua a bhaineann le haiku ná gur gléas is ea é chun an rud is lú a fheiscint, na híomhánna a sciorrann tharainn agus

nach bhfeicimid i gceart mura mbímid aireach orthu,
airdeallach:

> ag siúl sa reilig
> mo scáil i loinnir
> an mharmair dhuibh
>
> Ivan Nadilo

> ceo tráthnóna-
> tagann an cú chugam go ciúin
> chun mé a thabhart abhaile
>
> Robert Spiess (1921-2002)

D'fhoghlaimíos a lán ó Spiess, caithfidh mé a rá. Ba é an
léitheoir haiku ba chóngaraí dom féin é ó thaobh meoin de
agus bhí an-mhachnamh déanta aige ar dhinimic an haiku.
Tá a fhios againn go léir gur scil is ea an léitheoireacht. Tá
scil na léitheoireachta ag a lán lán daoine nach bhfuil scil
léite haiku acu. Bhí de phribhléid agam haiku a mhúineadh
sa Schule für Dichtung (Acadamh na hÉigse) i Vín. An
chéad tasc a chuireas romham ~ sular chrom rannpháirtithe
an chúrsa ar haiku a scríobh in aon chor ~ ná haiku a léamh,
iad a léamh le chéile is a athléamh, iad a bhlaiseadh.

> ciúnas an tsamhraidh
> thit an oíche ina codladh
> sa chupán caife
>
> Zeljka Vucinic-Jambresic

Nach ait an rud é ach thar aon áit eile lasmuigh den
tSeapáin is in Oirthear na hEorpa is mó a bhláthaigh an
haiku. Ar ndóigh, ní thoir ná thiar iad na Balcánaigh ach
mar a bheadh idir eatarthu agus is áit mhaith í sin le bheith,
uaireanta... súil siar agat agus súil soir ag an am gcéanna.

séipéilín
trasna ón gcasino ~
cuirimse geall ar Dhia

Petar Tchouhov

dorchacht ghorm:
ní bhraithim
ach boladh rósanna

Yuko Tange

nach bán iad
cnámha an fhir sin ~
bláthanna silíní ag titim

Yuko Tange

is breá leis an tsióg
an sciathán leathair
ag marcaíocht ar a droim

Yuko Tange

Haiku? Tá siad ar fad mar a chéile, a deir daoine áirithe. Caithfidh nár léigh siad níos mó ná dosaen haiku riamh ina saol. Feictear domsa go bhfuil an-éagsúlacht ar fáil i ndomhan an haiku:

fuaire obann ~
bachlóga ar na rósanna
a d'éag gan oscailt

Origa

níl deireadh go deo
leis an gcogadh: dorn
istigh im cholainn

Shinji Noya

trí sciorta na mná
ga gealaí
ag cuimilt na gine
                                        Vasile Moldovan

tintreach
giorria ...
an rith céanna acu
                    Ruska Stojanovic-Nikolasevic

Bliain an Mhoncaí –
colscartha arís ...
an chúis chéanna
                                        Origa

mac tíre
lampróg
ag cloí leis
                                        Tohta Kaneko

tús an fhómhair
éin imirce
os cionn an phríosúin
                                        J J Traxler

Lá Cuimhneacháin:
sraitheanna de leaca uaighe
ina seasamh ar aire
                        Karma Tanzing Wangchuk

Sa domhan ina mairimid faoi láthair bíonn íomhánna ina
mílte is ina mílte ag iarraidh sinn a mhealladh sa tslí gur
deacair stánadh ar aon ní amháin ar feadh i bhfad, loch nó
spéir, abair. Ach tá fairsinge ag baint le loch is le spéir. Is

ceadmhach do dhuine breathnú orthu. Cad faoi bhláth, abair? An stopfása chun féachaint ar bhláth? Nó cloch? Dá stopfá agus dá gcaithfeá, abair, deich nóiméad á iniúchadh, an duine a bheadh ag faire ort nach ndéarfadh sé go raibh rud éigin cearr leat, b'fhéidir? Múineann haiku dúinn conas breathnú ar an saol agus conas ligint dár nádúr féin meascadh le nádúr an domhain, conas ligint don dúlra ár n-ego a shlogadh:

> féileacáin chabáiste
> uaireanta is ar a mbáine, díreach,
> a bhreathnaím
>
> Laurie W. Stoelting

Lig don haiku dul i bhfeidhm ort agus lig dá mhacallaí dul ar oilithreacht tríot. Cén macalla a deir tú? Sa leabhar *Poems of Consciousness* (Red Moon Press, 2008) deir an scoláire haiku Richard Gilbert, Ph.D.: "the haiku text points beyond itself."

Díreach é – ach is fúinne atá sé glacadh leis an gcuireadh a thugann an haiku dúinn. Tum sa mhistéir, a deir an cuireadh sin, mistéir an domhain, an mhistéir is sinne go léir ann. Léiríonn na máistrí móra, ar nós Issa, chomh simplí is atá sé:

> ag féachaint ar an sliabh
> ag féachaint ar an bhfarraige...
> tráthnóna fómhair

Déarfadh daoine áirithe go bhfuil sé sin róshimplí ar fad. D'fhéadfadh aon stail amadáin haiku mar sin a chumadh. (Ní fhéadfadh, dáiríre!) Ní dán é sin in aon chor, a deir duine eile. Bhuel, cé a dúirt gur dán ab ea é sa chéad áit? Is anhaiku é, cinnte, ach an dán é? Bhíodh Máirtín Ó Cadhain ag gearán faoi chultas na liricí gearra. Is dócha go gcuirfeadh an haiku as a mheabhair ar fad é. Duine de mo ghúrúnna féin, R. H. Blyth, sa chéad imleabhar dá shárshaothar *Haiku* (lch 243), deir sé, "Ní dán é an haiku, ní litríocht atá ann; lámh ag sméideadh is ea é, doras leath ar oscailt, scáthán a glanadh ..." Tá an ceart aige, ar ndóigh. Tá go leor saineolaithe den tuairim gur rud neamhchríochnaithe is ea an dea-haiku, an haiku críochnúil. Fúinne atá sé an bhearna a líonadh. Droch-haiku, mar sin, an haiku a insíonn an iomarca, an haiku nach bhfágann an *"ma"*, mar a deir na Seapánaigh, ina dhiaidh; ciallaíonn *"ma"* spás folamh nó spás bán. Rud an-mhór ar fad is ea an *"ma"* i gcultúr na Seapáine. Croí an chultúir is ea é.

Dúirt an máistir Bashō go gcaithfimid foghlaim faoin ngiúis ón ngiúis agus foghlaim faoin mbambú ón mbambú. Ach ní hionann an tuiscint a bhíonn ag an Seapánach don fhocal "foghlaim" agus an tuiscint a bheadh againne dó. Is é is brí leis an bhfocal *"narau"* nó foghlaim, aisteach go leor, ná tú féin a chaitheamh uait, tú féin a chur i leataobh, chun an *"ma"* úd a luaigh mé ~ an spás glan ~ a chruthú don ghiúis, nó don bhambú. Tá sé curtha go deas ag Kenneth Yasuda ina leabhar *The Japanese Haiku* (Charles E. Tuttle Company, 1957): "The way is not to divorce oneself from the pine and to see it with one's own feeling," a deir sé, "but to divorce the self and to enter the pine with a selfless interest ..." Agus sin é anois agat é.

Guímis

Bailiúchán an-bhreá de phaidreacha ár sinsir atá sa leabhar *Paidreacha na Gaeilge/Prayers in Irish*, in eagar ag Donla uí Bhraonáin (*Cois Life* €12 bog) agus é maisithe le saothar suaithinseach de chuid Evie Hone. Is minic na paidreacha seo ina ndánta nó tionchar na filíochta orthu. An t-ainchreidmheach féin, chaithfeadh sé a admháil go bhfuil áilleacht ar leith ag baint le go leor dár bpaidreacha dúchais. Is seoda ealaíne chomh maith le bheith ina seoda spioradálta iad.

Tá soineantacht sna paidreacha seo nach bhfaightear mórán a thuilleadh, soineantacht atá ruaigthe ag an smairteáltacht:

> A Ghobnait an dúchais
> A bhíodh i mBaile Bhuirne,
> Go dtaga tú chugamsa
> Le do chabhair is le do chúnamh.

Simplí go leor ach is ina simplíocht atá cumhacht agus áilleacht na paidre sin. Is dócha, dáiríre, gur meascán a bhíonn ann go minic sna paidreacha seo den Chríostaíocht agus d'orthaí draíochta na Réamh-Chríostaíochta agus sin a thugann blas ar leith dóibh, dar liom. Seans gur chabhraigh an Eaglais Chaitliceach le meath na bpaidreacha dúchais ~ agus le meath na Gaeilge trí chéile ~ agus gur scaipeadh liotúirge nár oir chomh maith sin don mheon dúchasach. D'fhéadfá an rud céanna a rá, gan dabht, faoi chúrsaí ailtireachta is dealbhóireachta sa tír seo agus páirt na n-eaglaisí i dtréigint an dúchais.

Ar nós aon réimse eile den bhéaloideas – amhráin, scéalta, piseoga agus seanfhocail san áireamh – is deacair, uaireanta, nóiméad a gcumtha a shamhlú. Cen saghas daoine a chum na paidreacha seo? Cathain a dheineadar é? An chéad rud ar maidin? An rud deireanach istoíche? Ar tháinig na paidreacha uathu go nádúrtha, mar a thagann an chaint, nó ar deineadh saothrú orthu? Agus conas a scaipeadh iad?

Gnáthdhaoine cráifeacha a chum, is dócha, nuair a bhí an chráifeacht níos coitianta ná mar atá sí inniu. Agus cathain a stop an nós, is é sin le rá, cathain a tháinig deireadh le paidreacha a chumadh? An mná is mó a chum na paidreacha seo? Nó fir? Níl a fhios agam.

Duine a chum paidir nó dhó, an ndúirt sé leis féin lá liath éigin, "Sin sin, nílimse chun aon phaidir eile a chumadh go deo na ndeor." Agus cén fáth a ndéarfadh sé é sin? Nó, abraimis, daoine a raibh de nós acu paidreacha dúchais a rá, cathain a dúradar leo féin nó leis an líon tí, "Sin sin. No more prayers. No more Irish!" Is scanrúil an smaoineamh é. An é gur cheap daoine áirithe go rabhadar éirithe róshofaisticiúil dá leithéid?

Seans gur mheath na paidreacha go mall in áiteanna áirithe agus go mb'fhéidir nach raibh fágtha ach gibiris ina n-áit. Bhí nath ag mo sheanathair agus nuair a d'inis mo mháthair dom ina thaobh mheasas gur leathghibiris a bhí ann, "A Thiarna Dia is a Rí na Tine"; n'fheadar, arsa mise léi, ar chuala tú i gceart é mar gur dócha gur "A Rí na Cruinne" a bhí ann an chéad lá.

An rud nádúrtha é paidir a chumadh, paidir a rá? Deinim amach gurb ea. Agus an bhfuil rud éigin mínádúrtha ag baint le daoine a bhfuil domhan na bpaidreacha séanta acu?

Tá, b'fhéidir. Scríobhas féin paidir, nó ortha, tráth, agus mé in Thekaddy na hIndia. Bhíos cráite ar fad ag muiscítí:

Ortha in Aghaidh na Muiscítí
A Naomh Colm Cille a raibh peata cuileoige agat
Cosain sinn, impímid ort, ar na diabhail bheaga go léir
Mo chreach is mo chás!
Atá ag teacht idir sinn agus codladh na hoíche.
Múin míneas dóibh agus béasa
Agus tabhair slán sinn as ucht Dé
Sine agus gach neach eile atá i bpéin anocht in Thekaddy,
Áiméan.

Ar oibrigh sé mar ortha? An freagra ar leathanach 145 den leabhar *Ólann mo Mhiúil as an nGainséis!*

Féach anois ar an bpaidir álainn seo a leanas, *Beannú an Tí*. Samhlaigh fear an tí nó bean an tí á rá, nó b'fhéidir an bheirt acu á rá as béal a chéile. Cén taom a bhuail iad in aon chor gur stop siad á rá?

Go mbeannaí Dia an teach seo óna bhun go dtí a bharr,
Go mbeannaí sé gach fardoras, gach cloch is gach clár,
Go mbeannaí sé an teallach, an bord ar a leagtar bia,
Go mbeannaí sé gach seomra i gcomhair sámhchodladh
    na hoíche.
Go mbeannaí sé an doras a osclóimid go fial
Don strainséar is don bhochtán chomh maith is dár
    ngaol,
Go mbeannaí sé na fuinneoga a ligeann dúinn an léas
Ó sholas geal na gréine, na gealaí is na réalta,
Go mbeannaí sé na frathacha in airde os ár gcionn
Is fós gach balla daingean atá ár dtimpeallú inniu.

Go bhfana síocháin dá réir sin dár gcomharsana, cion is
   grá.
Go mbeannaí Dia an mhuirear seo agam agus a
   choimeád ó bhaol,
Is go stiúra sé sinn uile go dtí a ríbhrú féin.

Ceist. An bhfuil an phaidir sin á ra ag éinne níos mó? Mura
bhfuil, nárbh fhiú an phaidir sin ~ agus scata eile paidreacha
atá sa leabhar aoibhinn seo ~ nárbh fhiú í a chur ar fáil i
bhfoirm eile le go bhféadfaí é a chrochadh sa bhaile, pé acu
as admhad, as canbhás, as éadach nó eile a dhéanfaí é? Tá
paidreacha breátha anseo agus bheidís an-oiriúnach le
crochadh i mbialanna agus in ionaid oibre, dar liom.

Ach, ar ndóigh, mairimid i saol an-ait ar fad, an-
cheartaiseach agus is dócha go mbeadh gearáin ann agus
chaithfí iad a bhaint anuas. Is paidir é *Beannú an Tí,* áfach,
a bheadh oiriúnach do thithe ar fud an domhain. Ní bheadh
sé as áit san Afraic ná sa tSín: nach rud an-bhunúsach ar
fad é a bhfuil ráite sa phaidir ó thús deireadh? Féach ar an
bpaidir seo:

Ná hamharc go minic ar do bhróig,
Is ná déan stró ar do bhrat,
Siúl go huiríseal i ród
Agus beannaigh faoi dhó don duine bocht.

Má tá paidreacha sa leabhar seo a bhaineann le hÉirinn
amháin agus le naoimh de chuid na tíre seo, tá, leis,
paidreacha ar nós na paidre thuas atá uilíoch amach is
amach. Níl aon rud sa phaidir thuas atá ag teacht salach ar
an mBúdachas ná ar aon mhórchreideamh eile. Caithfidh an
leabhar seo a bheith ar ghearrliosta Leabhair na Bliana.

Wolfi Landstreicher agus a chairde

"Saol amú saol gan scrúdú." Sócraitéas

Le tamall de bhlianta anuas tá duine a scríobhann faoin ainm Wolfi Landstreicher ("straeire" nó "bacach bóthair" an bhrí atá lena shloinne) ag féachaint orainn agus dár ndianscrúdú ar an mbealach seo a leanas. Dúisíonn an clog aláraim thú, róluath mar is gnáth. Cithfholcadh. Leithreas. (Is é sin mura bhfuil tú chomh hiata sin ar fad ag galair éagsúla na sibhialtachta nach bhfreagraíonn tú do ghlaoch an nádúir a thuilleadh!) Tósta agus ubh, b'fhéidir. Caife ... ach dóthain ama a bheith agat chuige. Tae glas ar do shuaimhneas? Ní dóigh liom é... Amach an doras leat. Brostaigh, in ainm Chroim. Tá Éire ag brath ort!

I ngleic leis na sluaite daoine a bheidh tú gan mhoill. Sodar chun na hoifige. Tranglam. Cén Ghaeilge atá ar "bumper to bumper"? Srón muice le tóin muice. Anois. Féach ort féin. "I measc na bplód gan ainm", mar a deir an Direánach a rugadh 100 bliain ó shin, creid é nó ná creid. Thuig seisean galar na sibhialtachta ach ar thuig sé a leigheas?

Sroicheann tú an láthair oibre, an oifig, an mhonarcha, an siopa. Caidreamh éigeantach agat le daoine eile agus sibh i mbun na dtascanna céanna, a bheag nó a mhór, lá i ndiaidh lae, seachtain i ndiaidh seachtaine, mí i ndiaidh míosa, bliain i ndiaidh a chéile.. Aidhm na dtasacanna sin go léir ná an patrún thuas (ag tosú leis an gclog aláraim) a bhuanú go dtí aois do phinsin. Agus i bhfaiteadh na súl tá do shaol beagnach thart.

Bhuel, cad eile a dhéanfá? Ní hé go raibh aon rogha agat, an raibh? Fiacail sa mheaisín thú, sine den slabhra. An cuimhin leat an íomhá iontach sin de Charlie Chaplin agus é istigh sa mheaisín? B'in *Modern Times* (1936). Chonaic seisean ag teacht é. "Scrios an meaisín," a deir Landstreicher! "Bhí an ceart ag Ned Ludd! Scrios an meaisín!" Toisc nach gcreideann an-chuid daoine ina gcroí istigh sa jab atá acu, is ag tuilleamh airgid a bhíonn siad chun éalú ón jab céanna; caitheann siad a gcuid airgid go fonnmhar chun dearmad a dhéanamh ar an jab: alcól, bréagáin, drugaí, saoire, spórt, teilifís, bialanna, na healaíona, siamsaíocht etc. Ardú pá? Go diail. Amach linn is ceannaímis stuif nua dúinn féin. Dá mhéad stuif atá againn is ea is fearr. Mura bhfuil stuif agat ní duine ceart in aon chor thú ach saghas púca, nó Don Cíochótae, nó ridire fáin, nó *landstreicher*, nó Pádraic Ó Conaire.

Tá méid áirithe i gcoitinne idir ainrialaithe, primitívigh agus máistrí spioradálta. Ceistíonn siad araon ár gcuid nósanna, imlíníonn siad ár ndaoirse dúinn. Más daoirse í. Thabharfadh an-chuid daoine saoirse ar a leithéid agus throidfidís go bás ar a son. Ach samhlaigh gur ag troid ar son a ndaoirse a bhíodar i ngan fhios dóibh féin. Nach mbeadh sé sin thar a bheith greannmhar? (Más greann dorcha féin é.)

Níl a fhios agam cá raibh sé i bhfolach orm go dtí seo ach níor chuala mise trácht ar an bprimitíveachas ainrialaitheach (*anarcho-primitivism*) go dtí bliain seo ár dTiarna 2010. (Ná luaigh an focal "tiarna" leosan!) Duine de laochra na gluaiseachta sin is ea Wolfi Landstreicher. Is breá liom é mar ainm. Fear siúil. Bacach bóthair. Nuair a smaoiníonn tú air, níl an bacach bóthair rófheiceálach na laethanta seo, an bhfuil? Ní cheadaítear fálróid ar na bealaí móra. Tá ceamaraí amuigh ansin agus is maith a aithníonn siad na ruagairí reatha!

Tá aithne agam ar Bhleá Cliathach a bhí ar saoire i Meiriceá. Bhí cóisir ar siúl sa tigh áirithe seo. Amach le mo dhuine chun aer úr a fháil dó féin. Bhí buidéal beorach ina ghlac. An chéad rud eile, héileacaptar os a chionn in airde agus guth scanrúil mar a bheadh Dia ag béicíl trí na scamaill air: "Isteach sa tigh leat láithreach!" Anois duit! "The land of the free?" Eachtraí den sórt sin a dhearbhaíonn don ainrialaí go bhfuil rud éigin lofa ~ agus scanrúil ~ i gceartlár na sibhialtachta atá cruthaithe againn. (Cuimhnigh gur tugadh ainrialaithe tráth ar dhaoine a bhféachtar inniu orthu mar thírghráthóirí, Ó Donnabháin Rosa agus a chomh-ghleacaithe cuir i gcás.)

Feictear do na primitívigh agus do na hainrialaithe go bhfuil an domhan go léir críochdheighilte: fálta agus bacanna gach áit. Bacanna fisiceacha. Bacanna dlí. Bacanna morálta. Bacanna sóisialta. Bacanna míleata. Bacanna. Bacanna. Bacanna. Ná bac le mac an bhacaigh is ní bhacfaidh mac an bhacaigh leat, a deirtear, ach tá goimh cheart ar mhac an bhacaigh ar na saolta seo ~ agus is iad na bacanna is cúis leis.

Tá rud amháin comónta idir Búdaigh agus ainrialaithe; molann siad araon dúinn a bheith criticiúil ní hamháin faoi thuairimí daoine eile ach faoinár dtuairimí féin. Deir na Búdaigh, "Má chastar an Búda ar an mbóthar ort, maraigh é!" I bhfocail eile, ná bíodh do bhrath ar bhriathra an Bhúda ná éinne eile, bí ag brath ort féin, ar do bhreith féin amháin agus bí dian ort féin. Ina dhiaidh sin is uile, dá thábhachtaí é an réasún agus an réasúnaíocht, ní hiad is tábhachtaí ar fad, a deir na primitívigh is na hainrialaithe agus bheinn ag teacht leo sa mhéid sin. Is féidir an réasún a tharchéimniú; is féidir agus is ceart dul in aghaidh an réasúin más gá.

An bhfuil a fhios agat go bhfuil brí thánaisteach leis an bhfocal "réasún" sa Ghaeilge? Tá. An púicín a chuirfeá ar chapall. "Réasún" a thugtar air sin leis. Ar mo leabhar breac!

Níl a fhios agam an réiteoinn go maith le Landstreicher dá mbuailfinn leis. Ní thaitníonn filí rómhór leis más fíor a ndeir sé sa leabhar *Reasons of Flame, Rants and Poetry of Wolfi Landstreicher* (Venomous Butterfly Publications). File ceart, dar leis, is ea an duine a bhfuil paisean ann, duine a dteastaíonn uaidh saol iomlán a chaitheamh agus an saol sin a léiriú i ndánta loiscneacha. Caith uaim filí buirgéiseacha, a deir sé. Is maith leis na filí sin a chuireann in aghaidh luachanna na sochaí, daoine ar nós Renzo Novatore (Iodálach) agus Benjamin Péret (Francach). Aithníonn ciaróg ciaróg eile, muise. Ainrialaí (cad eile) ab ea Novatore (1890-1922). Scór bliain d'aois a bhí sé nuair a chuir sé an séipéal áitiúil trí thine! Feirmeoir bocht ab ea a athair ach ní threabhfadh Novatore gort ar ór ná ar airgead. Ina áit sin, ghoidfeadh sé sicín dó féin. Chun é a ithe? Ní hea ach chun é a dhíol, d'fhonn leabhair a cheannach, leabhair a léifeadh sé san fhoraois i bhfad óna naimhde. Póilíní agus iad gléasta mar shealgairí a mharaigh é sa deireadh. Seo an saghas ruda a tháinig óna pheann:

Dearg é an contráth.
Fuilteach é dul faoi na gréine.
Buaileann an bhuairt a sciatháin phreabarnacha sa ghaoth.
Sciatháin chródhearga, sciatháin ar dhubhaigh an bás iad.

Agus an fear eile? Péret, ambaist (1899-1959). Ní póilíní i riocht sealgairí a mharaigh eisean ach bás nádúrtha. Sliocht as aiste fhileata ar théama an uisce é seo:
"I bhfoirm báistí, déantar péist den uisce agus tollann an chré. Téann na péisteanna sin go domhain sa chré, cruinníonn siad ina meallta gan áireamh i loig nádúrtha agus caitheann seile i bhfoirm peitril..."
Foghlaimím rud éigin nua gach lá.

Aistear drithleach

Tír Tairngire
Peadar Ó hUallaigh
(Coiscéim 2009, 127 leathanach, €7.50)

Baineann cáilíocht mhantrach leis an leabhar seo, lena theideal, lena fhriotal, lena rithimí. Agus é ag caint ar an bhfilíocht a bhí le teacht in *The Future Poetry* (1953), mheas Sri Aurobindo gur fearr an tuiscint a bhí ann fadó do rithimí na filíochta toisc go raibh an chantaireacht mar chuid lárnach den fhilíocht sa tseanreacht. Teanga ársa í an Ghaeilge agus tá cuid den chultúr ársa ina dhrithle inti i gcónaí; baineann tréithe le filíocht na Gaeilge nach bhfuil fáil orthu i mórán litríochtaí eile i lár agus in iarthar na hEorpa, cuir i gcás. Dála an scéil, bhí go leor dá bhfuil laistiar den tráchtas ríthábhachtach sin *The Future Poetry* faoi thionchar James Cousins (1873 -1956), Éireannach a raibh ainm Gaelach, Mac Oisín, agus ainm Hiondúch, Jayaram, i measc na n-ainmneacha cleite aige.

Is é atá sa rithim, dar le hAurobindo, ná gluaiseacht na fuaime, í ag gluaiseacht mar thonn, agus gluaiseacht na smaointe á hiompar aici san fhocal. Bua an cheoil sin ná nithe a bheith á gcur abhaile orainn go tréan, nithe nach bhféadfadh an intleacht amháin a chur in iúl go brách:

> Cnónna capaill ar chraobh faoi dhuilliúr donn.
> Caora ina dtriopaill rua ar chrann caorthainn.
> An garbhán creagach cois bóthair
> Faoi bhláth meidhreach bándearg.

Trí rud a insíonn dom
Teacht an fhómhair ...

(as *Corn na Flúirse*)

An té nach gcloiseann rithimí áille ársa sna sé línte sin tá bodhaire Ui Laoire air nó is bodhar ar fad atá sé. Agus tá an saibhreas céanna tríd síos sa chnuasach seo. Faoi mar a fheiceann tú sna línte thuas, baineann Peadar Ó hUallaigh gaisneas as an eolas beacht atá aige ar an bhflóra is ar an bhfána. Cuir draíocht logainmneacha Chorca Dhuibhne leis sin agus beidh tú á rá leat féin nach gnáthfhile é seo againn in aon chor ach mar a bheadh seaman ann nó ailceimiceoir nó draoi.

Deir Aurobindo nach é gnó na filíochta é go mbeadh mothú éigin againn nó smaoineamh éigin againn le linn dúinn nó tar éis dúinn dán a léamh ach go mbeadh domhan éigin feicthe againn, ní lenár súile cinn, ar ndóigh, ach le súile an anama istigh. Thuigfeadh seisean go maith an gaol atá idir an focal "éigse" agus an focal "feiscint". Agus sa leabhar seo *Tír Tairngire* feicimse a lán:

Labhrann Cruach Mhárthain liom,
fallaing órga uirthi
faoi sholas tráthnóna
i mí na Féile Bríde.

Labhrann Cnoc Bréanainn liom,
néalta seaca
thar Chom a' Lochaigh
amach romham.

Labhrann an Triúr Deirféar liom,
na trí binnteacha
go cruthúil ciúin inniu,

gearrtha ag an oighear tráth....

(as *Lá Fhéile Vailintín*)

Má labhrann cruacha is cnoic leis an bhfile nach deas mar a labhrann seisean linne. Is mar sin ag an seaman é, an domhan á ainmniú aige faoi mar ba é Ádhamh é agus é ag féachaint ar an domhan den chéad uair, nó Aimhirghin agus an domhan á ainmniú aige agus go deimhin domhan á chruthú aige dó féin agus dúinne go léir. Baineann an Searcach an leas céanna as logainmneacha, agus scata eile, Nuala Ní Dhomhaill, Colm Breathnach, Dairene Ní Chinnéide. Níl Biddy Jenkinson dall ar logainmneacha ná ar luibheolaíocht ach an oiread. Ba thréith an-tábhachtach riamh anall é agus is dualgas beannaithe i gcónaí é urraim a léiriú do ról an dinnseanchais. Sa dán *Glór Acastóra* leis an Direánach tá na línte seo:

> Carr Aindí Goill ar chapall maith
> Bhíodh ag dul in aghaidh aird
> Ar a bhealach go hEoghanacht.

Ba dhóigh leat gur tír tairngre ab ea Eoghanacht, Tír na nÓg, Í Bhreasail. Agus is *Tír Tairngire* atá anseo againn, ar ndóigh, an chéad leabhar filíochta ó Pheadar Ó hUallaigh. Déanann gach file ceart a dhomhan féin a chruthú agus a athchruthú agus braithim fuinneamh sin na cruthaitheachta ag preabadh go láidir sa chur síos seo a leanas:

> Lastar na báid
> ag an gcéad gha gréine
> ar chuan Fhionntrá.
> Sliabh an Iolair thiar
> maraon le Cruach Mhárthain
> fós sa dorchadas.

Gorm agus dearg agus bán
na hárthaí ar múráil
amach ó Ché na Cathrach...

Athraíonn an rithim go tobann ansin agus is breá liom go
ndéanann mar mura ndéanfadh ní bheadh fíorbheocht ann:

Ritheann tinfeadh liom
léimt ar an rothar gluaiste,
agus leanúint orm siar thar
Lios Chill Mhic a' Domhnaigh,
thar an Dún Beag téagartha ar fhaill.
An tslí ag lúbadh go hobann isteach
i ndraíocht Ghleann Fán.

Ón seanbhaile lastuas
sruthann fiúisí ina mbrat
os monabhar an uisce....

(as Uaimh na Gréine)

Braithim go bhfuil rud éigin orgánach ag baint leis an
athrú rithime thuas, guth an fhile ag freagairt dá thinfeadh.
Tugann Peadar Ó hUallaigh ar aistear draíochta go tír
tairngire sinn agus nach é sin cúram an tseamain, sinn a ardú
as an gcomhfhios laethúil d'fhonn blaiseadh a fháil dár
bhfíornádúr féin agus de nádúr an uile ní sa chosmas
suthain.

Go leor den nuafhilíocht is ag streachailt le néaróis is le
féinchrá a bhíonn sí; is fada ón lúcháir í. Ach an fhilíocht
atá sa leabhar seo is filíocht í a ghabhann lastall den néaróis,
a sháraíonn agus a tharchéimníonn an néaróis:

Ar chroí na carraige atá bos mo láimhe
mé i gcaidreamh le bunchloch an tsléibhe.

Aithním meabhair shocair bhuan,
tuiscint na gcéadta milliún bliain inti.
Freagraítear gach ceist ionam...

(as *Croí na Carraige*)

Níl mórán d'fhilí ár linne, i dteanga ar bith, atá in ann a rá go bhfreagraítear gach ceist iontu. Bheadh imní orthu dá bhreagrófaí. Tá feidhm spioradálta le filíocht Pheadair mar sin, í ina "liotúirge tuata" mar a deir Nuala Ní Dhomhnaill ina taobh.

Ní bheadh a fhios agat ó neamh cá dtabharfadh an file tréitheach seo sinn ar a chuid aistear. Sa sliocht thíos dúisímid in Arizona:

Lasmuigh den bhothán adhmaid
caolaíonn cadhóit léi gan fuaim
sa lagsholas roimh an lá.
Amach liom leis an ngréin
ar fud carraigeacha rua Arizona,
spuaiceanna ag drithliú ina neacha beo.
Ó rí fadchleiteach na n-éan,
Faighim fios ar fhead an iolair...

(as *Fiántas*)

Agus sa chéad véarsa eile is i Maigh Eo atáimid. Ach fan le hArizona go fóill: is pictiúr drithleach atá cruthaithe aige dúinn thuas. Feicim an chadhóit is í ag caolú léi go fáilí, an chadhóit atá chomh lárnach sin i mbéaloideas agus i miotaseolaíocht Mheiriceá, an chadhóit ar chaith Joseph Beuys trí lá in aon seomra léi ach sin scéal eile agus mura bhfuil sé ar eolas agat tá sé ar fud an idirlín! Machnaímis seal ar an méid seo a leanas ag Sri Aurobindo:

.... [the] highest intensity of style and movement which is the crest of the poetical impulse in its self-expression, the point at which the aesthetic, the vital, the intellectual elements of poetic speech pass into the spiritual, justifies itself perfectly when it is the body of a deep, high or wide spiritual vision into which the life-sense, the thought, the emotion, the appeal of beauty in the thing discovered and in its expression —for all great poetic utterance is discovery,—rise on the wave of the culminating poetic inspiration and pass into an ecstasy of sight.

Nuair a deir Aurobindo, "all great poetic utterance is discovery" is dóigh liom gur slat tomhais is ea é sin chun saothar filíochta ar bith a léamh. Critéar is ea é, más maith leat, agus tagann *Tír Tairngire*, nó na dánta is fearr ann, leis an gcritéar áirithe sin. Is dánta nua iad seo ach tá blas éigin den Fhiannaíocht iontu chomh maith, ceangal diamhair fuinniúil leis an dúlra, leis an domhan, *frisson* sceitimíneach idir an phágántacht agus an Chríostaíocht ~ ceann de na tréithe is Gaelaí agus is suaithinsí sa chultúr seo againne riamh anall é an *frisson* céanna sin. Go deimhin, aithním logainmneacha anseo atá (nó a d'fhéadfadh a bheith) glan amach as an bhFiannaíocht, Loch na dTrí gCaol, abair.

Is mar seo a chuirtear críoch leis an dán *Fiántas*:

Scairteann coiligh ag fógairt an lae,
Ag freagairt dá chéile le faobhar.

Tá ina lá geal nua arís i bhfearann filíochta na Gaeilge!

Dhá iris

Iris Mheiriceánach é *Guernica* a bhíonn ag plé le cúrsaí ealaíne agus polaitíochta. Iris ar líne is ea é agus iris den scoth. Grianghrafadóir í Erika Larsen agus tá cur síos breá déanta aici ar na Sámaigh, pobal thuaisceart Chríoch Lochlann, in eagrán mhí Aibreáin. Deir sí go bhfuil caidreamh spioradálta ag na Sámaigh leis an tírdhreach agus go bhfuil go leor leor le foghlaim againn uathu. Táim cinnte go bhfuil. Ach an bhfuil an t-am againn chuige? Lámh in airde na daoine a bhfuil am acu foghlaim ó na Sámaigh.

Is spéis le *Guernica* gearrscéalta agus dánta a fhoilsiú agus tá suim ar leith acu sa litríocht idirnáisiúnta, i.e. saothar a aistrítear ó theangacha éagsúla go Béarla. Cén fáth nach bhfuil níos mó de litríocht chomhaimseartha na Gaeilge á haistriú go Béarla agus á seoladh ar aghaidh chuig irisí ar nós *Guernica*? Ní thuigim cén támáilteacht atá orainn! An bhfuil teoiric ag éinne ina thaobh?

Teoiric A: níl litríocht chomhaimseartha na Gaeilge chomh spéisiúil sin dáiríre; ní chuirfeadh éinne i Nua-Eabhrac, abair, suim dá laghad inti. Ní ghéillim don teoiric sin. Teoiric B: níl dóthain aistritheoirí liteartha oilte againn agus fiú dá mbeadh, níl éinne á spreagadh ná á n-íoc i gceart. Tá dealramh éigin le Teoiric B. Is gá aistritheoirí a oiliúint agus a spreagadh ~ caithfear pleananna gearr- agus fadtéarmacha a chur os a gcomhair agus saothair is fiú a aistriú a aithint agus aistriúcháin a choimisiúnú. An bhfuil tusa in ann leathdhosaen leabhar Gaeilge a ainmniú, leabhair nár

63

aistríodh fós go Béarla, nó teanga ar bith eile, leabhair a chuirfeadh le saibhreas an *Weltliteratur*? Bíonn rud éigin spreagúil san iris ar líne *Heyoka Magazine* i gcónaí. Le déanaí bhí John Pilger ag cur síos ann ar an Tríú Cogadh Domhanda! Tugann sé stáit chogaíochta ar an mBreatain agus ar na Stáit Aontaithe agus ní hiad na Talabanaigh, ná "treibh inbhreathnaitheach ar bith eile i bhfad i gcéin", an namhaid atá acu ach an meon frith-chogaíochta i measc a gcuid saoránach féin.

Deir sé gur coir thromchúiseach is ea é anois agóid a dhéanamh in aghaidh na cogaíochta. Go leor den lucht agóide i Londain a bhí ag léirsiú in aghaidh ionsaí Iosrael ar Ghaza, daoine nach raibh riamh os comhair na cúirte cheana a lán acu, gearradh dhá bhliain go leith príosúnachta orthu! Is féidir brath ar Pilger i gcónaí chun blúirí eolais scanrúla mar sin a thabhairt dúinn.

Conas a bhraithfeá tar éis bliain nó dhó a chaitheamh i bpríosún? An mbeifeá ar ais arís ar na baracáidí? Nó an ndéarfá leat féin nach fiú a bheith ag léirsiú níos mó; lig don domhan dul síos an leithreas, tabhair sruthlú maith dó agus sin sin. Is dóigh le daoine áirithe go bhfuil an cath buaite acu san a rialaíonn an saol agus nach bhfuil aon dul ina gcoinne. Ith, ól agus bí meidhreach mar caillfear amárach sinn. Mar a deir Cóheilit sa Bhíobla: "Le linn mo bheatha díomhaoine chonaic mé an uile chineál nithe: fíréan á scrios d'ainneoin a chuid fíréantachta agus saol fada ag an drochdhuine d'ainneoin a chuid mailíse..." (Cóheilit 7:15)

John LeKay a bhunaigh *Heyoka* sa bhliain 2005. Murach *Heyoka* ní bheadh cloiste agam faoin bpíotsa sráide agus go leor rudaí eile. Cad is píotsa sráide ann? Bia úr orgánach saor in aisce, i.e, an bia a mharaímid ar na bóithre, sionnaigh, gráinneoga, fianna agus mar sin de. Meastar go maraítear thart ar 250,000 ainmhí ar bhóithre na Stát Aontaithe ~ GACH LÁ!

Ag dul siar dhá bhliain go dtí eagrán Uimh. 17, feicim go dtugann *Heyoka* oidis dúinn chun lucha agus francaigh a réiteach don bhord. Is léir go gceapann scríbhneoirí *Heyoka* go bhfuil géarchéim nó éigeandáil chugainn go luath. Nó deireadh an domhain?

In eagrán Uimhir 34 de *Heyoka* tuairimíonn Chris Hedges go bhfuil deireadh le himpireacht Mheiriceá agus nach deas an feic a bheidh ann nuair a thitfidh sí as a chéile. Tá rud amháin cinnte: beifear ag iarrraidh an milleán a chur ar dhream éigin. Beidh na Meiriceánaigh ~ a bhíonn chomh dearfa fúthu féin an t-am go léir ~ beidh siad ag fiafraí díobh féin, "In ainm Sitting Bull, conas a tharla sé seo?" Agus cuirfear an milleán ar mhionlaigh, ar inimircigh, ar intleachtóirí, ar fheiminigh, ar Ghiúdaigh, ar Mhoslamaigh agus mar sin de.

An bhfuil an ceart aige? Cá bhfios! Tá an oiread sin airgid á chaitheamh ar chúrsaí sláinte agus ar chúrsaí míleata, dar le Hedges, go mbeidh fadhbanna móra leis an infreastruchtúr: titfidh droichid is dambaí ar fud na Stát. Titfidh foirgnimh. Deir sé go bhféadfadh Cogadh Cathartha eile a bheith sna Stáit Aontaithe sula i bhfad.

Luann Hedges an gníomhaí Mario Savio (1942 ~ 1996) agus an óráid cháiliúil a thug sé os comhair 4,000 duine, an óráid faoin meaisín:

There is a time when the operation of the machine
becomes so odious, makes you so sick at heart, that
you can't take part; you can't passively take part, and
you've got to put your bodies upon the gears and upon
the wheels, upon the levers, upon all the apparatus, and
you've got to make it stop.

Ní gá a rá gur chuir an FBI an-spéis san óráid sin! Conas a bhraithfeása dá mbeifeá i láthair ag an ócáid sin? An mbeifeá spreagtha ag Savio nó an ndéarfá leat féin gur gealt dhainséarach ab ea é? Nó an ligfeá osna mar a dhein Cóheilit fadó: "An ní a bhí ann tráth, is é a bheidh ann go brách; an ní a rinneadh cheana, is é a dhéanfar arís; mar níl aon ní nua ann faoi luí na gréine..." (Cóheilit 1:9)

Bláthú an Bhúdachais in Éirinn

Tá traidisúin nó scoileanna éagsúla den Bhúdachas á gcleachtadh in Éirinn, Búdachas na Tibéide agus Zen san áireamh. Glac uaimse é, is daingean iad fréamhacha an Bhúdachais anseo, thuaidh agus theas, agus is iomaí tearmann breá atá ar fáil dóibh siúd atá suaite cráite ag an saol.

Bhíos ag seó garraíodóireachta i gCumann Ríoga Bhaile Átha Cliath i mbliana agus thugas faoi ndeara go raibh ansciobadh ar Bhúda gleoite cloiche as Jáva. D'fhéadfá féachaint ar aghaidh an Bhúda go deo; maidir le príomhíocón na hEaglaise Caitlicí, áfach ~ an chros chéasta ~ is fuilteach an íomhá í a d'fhágfadh tromluí ar d'intinn mura ndúnfá do shúile uirthi.

Féach, cuirfidh mé mar seo é ... níl an doirteadh fola ina chuid leanúnach den íomháineachas Búdaíoch agus is sláintiúla i bhfad Éireann é dealbh den Bhúda ná an choróin spíonta, abair; ach is ceist róchigilteach í seo dáiríre agus i bhfad uaimse éinne a ghortú leis an ngriogadh seo ... Is cinnte go bhfuil a shaináilleacht ghrafach féin ag baint le *Caoineadh na Maighdine* againn féin agus *Páis* J. S. Bach.

Eachtrannaigh iad a lán de Bhúdaithe na hÉireann a raibh briathra beannaithe an Bhúda mar chéad bhia ar an sliogán dóibh, ach tá líon na ndúchasach orthu ag dul i méid sa tslí go bhfuil hibrid dheas ag fás anois go nádúrtha inár measc agus inspioráid á glacadh aici ón spioradáltacht Cheilteach agus ó ré órga na mainistreacha in Éirinn.

Meallann an Búdachas roinnt mhaith daoine sa ré iar-Chríostaí (más fíor) ina mairimid agus deinim amach gurb é an chúis is mó atá leis sin ~ ní hé daoine faiseanta a bheith á chleachtadh ~ ní hea, ach go dtuigtear do dhaoine nach creideamh atá ann dáiríre, ná reiligiún, ach córas síceolaíochta chun teacht ar thuiscint do mhistéir na haigne. Mhol an Búda féin gan glanaithris a dhéanamh ar gach a ndúirt sé. Ar leabaidh a bháis, thug sé comhairle dá lucht leanúna: "Bí id lóchrann duit féin!" I bhfocail eile, deinse féin an chonair atá romhat a shoilsiú ~ ná bac le Dia, ná bac le heaglaisí. Doras feasa fiafraí, a deirtear sa Ghaeilge agus is geall le nath Búdaíoch é sin.

Téann roinnt mhaith de mhuintir na hÉireann chun na Téalainne, mar is eol dúinn, agus is deacair éalú ó thionchar an Bhúdachais sa tír áirithe sin. Ach is cóisirí beorach, an ghrian, gnéas agus tránna áille etc. a mheallann a bhformhór, a déarfainn; ní bhlaiseann siad den Bhúdachas mórán. Grianghraf a ghlacadh de mhanaigh óga shoineanta agus iad ag scigireacht, b'fhéidir, sin uile.

San aiste seo, is mian liom Búdaíoch ón Téalainn a chur in bhur láthair, Ajahn Chah, féachaint an bhfuil aon dealramh lena theagasc. Ar ndóigh, d'fhéadfainn teagascóir ar bith a roghnú. Tá siad go léir níos fearr ná a chéile. Níl ann ach gur tháinig mé féin ar Ajahn Chah le déanaí agus is é is úire i m'aigne é. Is ionann *ajahn* (nó *acarya*) agus "máistir". Nílimse chun mórán a rá mar gheall air féin. Ní thaitneodh sé sin leis. Ba dhuine de mháistrí na foraoise é, saoi, manach, é ar shlí na Fírinne anois. An ionann san is a rá go bhfuil sé ag éisteacht liom, go bhfuil ar a chumas an aiste seo a léamh? Creid é nó ná creid, deir na Búdaithe gur cur amú ama is ea é smaoineamh ar an saol eile, más ann dó. Táimid anseo, anois, faoi láthair. Tá leordhóthain éinne sa mhéid sin.

Sea, más ea, cad a chomáinfeadh mo leithéidse chun spéis a chur i mBúdachas na Téalainne? Bhuel, bhíos an-mhór le Búdaíoch Sasanach a chaith tréimhse fhada sa Téalainn agus d'fhág an Búdachas a rian go hálainn air. Master Geoffrey Bell a thug sé air féin. "An *ajahn* (máistir) thú?" arsa mise leis nuair a chéadchuireas aithne air. "No no, dear boy!" ar seisean. Fear neamhphósta ab ea é agus dá réir sin shíl sé gur fearr a d'oir an teideal Master dó ná Mister. Carachtar ceart! Bhí nósanna aite aige. Altú roimh bhia i gcónaí i gcónaí. Gan teip. Níl sé sin an-ait ann féin, déarfá, ach ~ fan! Thógadh sé Sweet Afton amach tar éis an bhéile ~ bhíodh cead caithimh an uair sin ann ~ agus ba chuma leis cé a bheadh ag stánadh air, altú roimh thobac, a dhuine!

Ó, ba dhiail an fear é gan aon agó agus ba lách. Braithim uaim é. Lá breá éigin, arsa mise liom féin, déanfaidh mé taighde beag ar Bhúdachas na Téalainne mar is é sin a dhein prionsa uasal de mo Geoffrey bocht. Agus nuair a léimse anois Ajahn Chah is trí shúile Geoffrey a léimse é: sampla breá ab ea Geoffrey de shuáilcí uile an Bhúdachais.

Bheadh sé ag gáire faoin aiste seo. "Nach bhfuil fhios agat nach fiú aiste a scríobh ná leabhar a léamh! Cad dúirt Ajahn Chah?"

"N'fheadar. Cad dúirt sé?"

"Níl ach leabhar amháin is fiú a léamh ~ an croí." Bhí a fhios aige gur bhláthaigh a chroí trí ghrásta an Bhúda. Ní raibh le déanamh aige ach an chumhracht sin a roinnt.

Tháinig mé abhaile déanach oíche amháin. "Ní gá dom fiafraí díotsa cá rabhais," arsa mo bhean liom. "Aithním ar d'aghaidh gur i dteannta Geoffrey a bhís." Bhí tú in ann an suaimhneas a tholgadh uaidh. Cad dúirt Ajahn Chah? "Dul sa tóir ar an suaimhneas nó dul sa tóir ar thurtar agus croiméal air. Ní bhfaighidh tú é. Ach nuair a bhíonn an croí ullamh, tiocfaidh an suaimhneas sa tóir ortsa."

Dáiríre, cén tairbhe d'éinne é creideamh ar bith a d'fhágfadh ar easpa suaimhnis thú? Cinnte, tugann deasghnátha áirithe creidimh sólás, seal, don duine ach ní sólás a ghealann an Búdachas ach an lúcháir a éiríonn as tuiscint cheart dár nádúr féin agus don bhfulaingt. Deir Ajahn Chah: "Caithfear an teagasc a thuiscint i dtosach. Nuair a thuigeann tú é tosnóidh tú ar é a chleachtadh. Agus má chleachtann tú é, feicfidh tú é. Agus nuair a fheicfidh tú é is tú an teagasc ansin agus líontar le lúcháir an Bhúda thú." Agus chonaic mé féin é sin i mbriathra agus i ngníomhartha mo charad.

Mhaíos níos luaithe gur mó d'aigne-eolaíocht ná de reiligiún atá i dteagasc an Bhúdachais. Mar thaca leis sin, deir Ajahn Chah: "Maidir leis an aigne seo ... Déanta na fírinne níl aon rud cearr léi. Tá sí íonghlan ó nádúr. Tá sí suaimhneach inti féin. An chúis nach mbíonn sí chomh suaimhneach sin inniu ná go mbíonn giúmar de shaghas éigin uirthi. Bíonn an aigne suaimhneach nó míshuaimhneach de réir mar a théann giúmar áirithe i bhfeidhm uirthi. Is dúr í an aigne neamhthraenáilte. Téann imprisin na gcéadfaí i bhfeidhm uirthi agus ceapann sí go bhfuil áthas uirthi, nó go bhfuil sí ag fulaingt ~ áthas agus brón ~ ach ní hin é fíornádúr na haigne ~ an Bhun-Aigne a fheiscint, sin is brí leis an gcleachtadh seo againne ~" Agus sin, go hachomair, an Búdachas duit!

Anois, an creideamh aduain é sin? An inghlactha ag Eorpaigh é? (An Eorpaigh iad na Gaeil sa chéad áit?) Feictear domsa gur teagasc uilíoch atá tugtha thuas ag Ajahn Chah; rud nádúrtha atá idir chamáin aige, meicníocht na haigne. Bhí duine de mhórfhealsúna an Iarthair, Immanuel Kant ~ a bhfuil comóradh 200 bliain á dhéanamh i mbliana againn ar a bhás ~ bhí an rud ceannann céanna á ra ag Kant: *sapere aude,* an mantra a bhí aige, i.e. bíodh misneach agat chun do thuiscint féin a oibriú ar gach aon ní. Shíl Kant go raibh an chuid is mó againn neamhaibí mar go ligimid do dhaoine eile smaointeoireacht a dhéanamh dúinn seachas dul go grinneall sinn féin. "Leisceoirí!" arsa Kant.

Sea, ach ní chuirfinn busta de Kant im ghairdín ná im sheomra suí. Tá dealbh den Bhúda sa dá áit sin agamsa. San India a fuaireas ceann acu, i mBaile Átha Cliath an ceann eile. Is saghas machnaimh ann féin é féachaint ar a ghnúis agus fiafraí díot féin cad as don suaimhneas sin a shníonn tríd ó bhonn go baithis.

Má tá dhá Bhúda agam is Búdaí mé, ab ea? Bhuel ... ní hea ... tá íomhánna eile sa tigh againn, an Mhaighdean Mhuire ina measc agus ... cad eile? Ó sea, mo dhearúd, tá íomhá adhmaid againn den dia Éireannach, Cernunnus. Bunaithe ar sheoid a d'ardaigh na Lochlannaigh leo sa 9ú haois atá an dealbh mhistéireach seo agus is i Músaem Bygdo, Osló, a fheicfidh tú an tseoid féin. Ní chreidfeá é, ach is geall le Búda Ceilteach é! Achainím go sollúnta ar Rialtas na hÉireann ealaín bheannaithe na tíre seo a athdhúchasú!

Naomhóg ag déanamh ar an ngréin

Is féidir a rá gur ghaibhnigh Davitt friotal comhaimseartha i gceárta spréacharnach a anama istigh agus go mairfidh toradh a chuid saothair, nó an chuid is fearr de, fad a mhairfidh an Ghaeilge. Níl sé féin dall ar fhiúntas na ndánta sin: "Inniu tuigeann siad a dtábhacht féin ~" (*Rince na gCloch*). Tagraíonn sé sa dán *Meirg agus Lios Luachra* do na "bearnaí mistéireacha atá le dathú ~" Is mó ná bearnaí iad, áfach; is é an rud a dhéanann Davitt ná aibhéisí rúnda a oscailt dúinn, aibhéis i ndiaidh aibhéise ~ don té a thuigfeadh ~ áibhéisí Uí Rathaile, aibhéisí an Ríordánaigh ~ filí faoi sceimhle iad araon más ceadmhach casadh a bhaint as frása an Tuamaigh.

Dán álainn liriceach é *Hiraeth* ach istigh ina lár ~ rud a mheabhródh "do bhúir os ard sa tsneachta an dúpholl" ag an Ríordánach duit agus a mháthair á hadhlacadh ~ istigh ina lár faighimid "an scréach ná cloiseann éinne" ón bhfile féinadhlactha seo. An scréach ná cloiseann éinne, scréach Edvard Munch í sin, scréach phápa Francis Bacon, scréach Shuibhne Frank Corcoran, cumadóir, "howl" Ginsberg, armóin bhuile ár linne is níl le déanamh dá héis ach "an tost a scagadh".

Maireann gach éinne is gach aon ní i ndomhan seo Davitt "ó la go lá a scartha" (*Leannáin*). Níl aon ní buan anseo, ciméara is ea an sonas, an solas, an scáil, ciméara is ea an domhan ar fad, an teanga, an t-am, an spás, ciméara is ea an ciméara. Ba dheas an rud é faoiseamh a fháil (i gcead don Ríordánach) agus éalú ón saol meabhlach seo ach, ní hea ~

"abair gur bádh mé ..." (*Chugat*); tumtar an file ar ais sa saol braonach seo is é ag cur a pheiríocha de arís is arís eile.

In éagmais an fhaoisimh, deonaítear splanc d'fhís don fhile ~ "naomhóg ag déanamh ar an ngréin ~" (*Abendrot*). Ach cad d'imigh ar an naomhóg? Cad d'imigh ar an bhfile? "An mbuailfead arís liom féin ... nó an seachnód é (más féidir) ~" (*Ar Fhilleadh Abhaile ó Dhún Chaoin*).

Nuair a chuala glúin INNTI ~ filí, léitheoirí, éisteoirí, iománaithe ar an gclaí ~ nuair a chualadar dánta ar nós *An Drochbhliain* an chéad lá, cad a dheineadar? Gháireadar. Ní fhacadar ach an fear grinn, an fear grinn amháin a chualadar. Ní fhacadar ná níor chualadar na deora reoite. Ach táid ann go fras is go faíoch, fiú sna dánta is éadroime aige. Tá seanfhocal againn sa Ghaeilge: is goirt iad na deora a shiltear ach is goirte iad na deora nach siltear. É seo, abair, as an drochbhliain chéanna:

> Chuamar in airde ar chrann
> Ach thit na húlla uait
> Síos isteach i bpoll caca
> Is do ghoileamair ...

Nuair a léimse "thit na húlla uait" cuimhním ar scata rudaí. Na Hesperides a chosain na húlla, "the silver apples of the moon, the golden apples of the sun" ag an Yeatsach, nó smaoiním ar an leabhar *The Apple Branch, a Path to Celtic Ritual* (The Collins Press, Corcaigh, 1998) le Alexei Kondratiev ina ndeirtear: "the Celtic perception of sacred Time, units dominated by the God-principle alternate with units dominated by the Goddess-principle. The primary division is that of the Dark and Light halves of the Year, *giamos* and *samos* ~"

Feictear domsa nach ina shamhradh ach ina gheimhreadh atá cosmas Davitt. Sea, tá "grian iomlán" aige mar chuid den tírdhreach/spéirdhreach sceirdiúil in *Dán i gConamara*. Ach nach seachmall í? "Tá ceo ar fud an domhain seo ..." a deirtear linn sa dán *Barr na Conarach*. Ba ríléir d'Aogán nach aon ní buan ab ea "gile na gile". Deir Davitt:

> Féach an faoileán uaibhreach
> Ina bhrúscar ar charraig dhubh ...
>
> *(Faoileán)*
> Agus arís:

> is ón bhfuinneog thuas chím an solas laomtha
> ag iarraidh imprisean a dhéanamh ar sholas an lae ~
>
> *(Cloigíní)*

Tá an *giamos* i réim, istigh is amuigh. "*Mehr licht!*" arsa Goethe ar leabaidh a bháis ~ tuilleadh solais. Cad a bhí uaidh? Solas na bhFlaitheas ~ nó díreach go n-osclófaí na cuirtíní agus solas an domhain a ligean isteach? Deir Davitt: "tarraing an cuirtín, a Mhama..." i ndán den teideal sin. Na bleaisteanna gáirí go léir ón lucht éisteachta a shamhlaímid go minic le Davitt agus é ag reic a chuid filíochta go poiblí, is baolach gur cur ó thargaid a bhí sna trithí sin. Duaithníocht dhiamhair atá i ngreann Davitt. Gáire, is mó, a ghin na línte dodhearmadta seo a leanas:

> seo, cupán tae
> táim ag fáil bháis
> conas tánn tú fhéin?
>
> *(Urnaí Maidine)*

Ach ní haon údar gáire é dáiríre. Bhí rud éigin ag geimhriú nó ag fáil bháis san fhile, an chúis le bheith beo, b'fhéidir, le bheith ag scríobh, an bhrí a bhaineann le bheith beo, le bheith ag scríobh. Go deimhin, tá domlas sa teideal *Urnaí Maidine*, an domlas a blaiseadh ar bharr Golgotha. Guímis? *Giamos!* Doircheacht:

> An doras, an scáildoras
> Tarraingthe. An aigne iata ~
>   (*Dréacht a Trí de Bhrionglóid*)

Rachtanna gáire arís ~ ó, a leithéid de gháire, ba chuma cé chomh minic is a chualamar é ~ gáire garbh a gineadh ionainn agus sinn ag éisteacht le "Táim beáráilte as an gClub ~" Ach, an dtuigeann tú, níl sé pioc greannmhar, a léitheoir chóir, nuair a smaoiníonn tú air. Mar is beáráilte a bhraith Davitt ón gcéad lá riamh, beáráilte as an uile ní, beáráilte ag an solas féin. "Few knee lawnbowl who ..." [Fiú ní lanbhall thú ...] Gimicíocht? Ní hea in aon chor. Titeann an teanga féin as a chéile nuair is *giamos* síoraí é dath na cruinne. Go deimhin, bhí an t-am ann agus ní fhreagródh aon ní don aibhéis ach áiféis ghlan. Is cuimhin liom go raibh léamh filíochta ar siúl i Halla an Damer.

"Seo," arsa mise le Davitt, "léigh é seo!" Agus léigh. Is é a bhí ann dán áiféise le hEdward Lear, *The Akond of Swat*:

> Who or why, or which, or what,
> Is the Akond of Swat?

Tá 23 véarsa ann. Bhí an lucht éisteachta ag éirí corrthónach. An rabhthas á maslú? An bhfuil an Dadachas tagtha go hÉirinn? Dán áiféiseach ~ agus níos measa fós, sa Sacs-Bhéarla. Faoin am ar shrois sé véarsa 13 is dóigh liom go raibh cuid acu réidh chun béic a ligean:

At night if he suddenly screams and wakes,
Do they bring him only a few small cakes,
Or a LOT,
For the Akond of Swat ...

Cad is féidir a dhéanamh? "Ragham Amú" a deir sé i ndán
atá tiomnaithe dom féin. Agus chuamar amú ambaiste agus
b'aistear eachtrúil é, gan bhóthar, gan mhapa. Ach mar sin
féin... Bhí sé de cheart againn an céapar sin a fhágaint faoin
Akond bocht. Sea, cad is féidir a dhéanamh mar sin? Gol?

Bíonn gach éinne ag gol
   Fir mhóra fiú
     Bíonn Daidí ag gol ...   (*Barróg*)

Bíonn ach ~ le fírinne ~ is scanrúla ná gol é an rud a
sceitheann ó ionathar an fhile, is é "an bhéic mheigiliteach"
é (sa dán *Agallamhacalla*) agus níl ar a chumas aithris a
dhéanamh ar Aogán is a rá "do ghlam nach binn do
dhingfinn féin id bhráid" toisc gur as a bhráid féin a thagann
an bhéic. An bhfuil aon réiteach in aon chor air? "Geonaíl
chun Dé..."? (*Do Phound ó Dhia*). Dála phápa Bacon, cuid
lárnach den fhéinphortráid is ea an bhéic: "scréachaim as
cillín mo phéine féin..." (*An tOthar*).
   Mura bhfuil réiteach ar an scéal, an bhfuil balsam éigin,
íocshláinte éigin ann? Alcól? Raithneach ~ mar a thugtar
anois ar mharachuan? "Luibh íce éigin..." (*Luibh na bhFear
Gonta*). "Dul ar oilithreacht ifreanda le Jim Morrison..."?
(*Where Did We Go Wrong?*)

Bíonn gach éinne ag gol
   Tá cairde nua anois agam
     An leacht draíochta is an féar.
      Bead im fhear seoigh feasta
        Im laoch ...

                          (*An Cogar*)

Seachmall. Éalú. Duaithníocht. Bhíos-sa in aontíos le Davitt i gCorcaigh, aimsir INNTI, agus arís ~ ar feadh scamaill ~ i mBaile Átha Cliath. Bhíodh nathanna iontacha ag teacht óna bhéal i gcónaí, ciútaí cainte ar línte filíochta spontáineacha iad dáiríre: "Tá na déithe ag gol i dteampall na haisíse..." Bhí deora liom leis an méid gáire a dheineas ach bhíos scanraithe, leis.

D'aithnítí i gCorcaigh ar a hata é. Cá bhfuil an hata sin anois?

> Dá bhféadfainn breith ar mo hata
> Atá caite i mbéal geata
> Ní bheifeá ag sá do shúl
> Chomh sotalach síos im anam dorcha ...

Cuireann sé sin mise i m'áit ... an gcuireann? Cuireann, a déarfainn! An bhfuil luibh íce ar fáil don fhear gonta seo? Paidir? Chun Dé? Cén dia?

> A Dhia na Trócaire,
>   A Dhia an Ghorta Mhóir,
>   A Dhia Auschwitz ...
>
> (Dia Ghóma)

Cad a tharla? Cad a tharla dúinn go léir? D'fhoilsigh Davitt dán ar an míosachán Agus thiar sa bhlian 1967, dán ina bhfaighimid manifesto ionraic ó ógfhile is é i dtús a ghairme:

> Tá solas uaim le go bhféadfainn
>   Na féithe atá ionam a mhúscailt
>   Chun smaointe folaigh a roinnt ar chách ...

Tá súil le Dia agam go bhfaighidh Davitt athspléachadh
ar an naomhóg úd is í ag déanamh ar an ngréin agus nach
n-imeoidh an naomhóg ó léargas uaidh: go raibh sé féin i
láthair nuair a chuirfidh solas fhuineadh na gréine trí thine
ar fad í chun go saorfaí a bhfuil de smaointe folaigh fós ann
ó ansmacht géar an gheimhridh. Mar a deir Gangaji:

> An connadh a chaitear sa Tine
> Déantar Tine de i ndeireadh na dála
> Gach aon saghas admhaid
> Bachall Mhaois fiú
> Cros Chríost
> Crann na Beatha
> Alptar go hiomlán iad
> An tslat a bhí ag Heirméas
> An tine chéanna
> Atá ag lonrú ar neamh
> Sí béilteach thine ifrinn í
> Níl de dhifríocht eatarthu ach seo:
> Iad siúd a chónaíonn in ifreann
> Diúltaíonn siad do loisceadh an tSolais

Ní beag san, is dócha.

"Do na scríbhneoírí a chuaigh romham a scríobhaimse"

An t-údar faoi agallamh ag an Dr Micheál Ó hAodha, Ollscoil Luimnigh.

Cathain ar thuig tú gur mhaith leat a bheith i do scríbhneoir?

GR: Sular rugadh mé. I bhfad siar. Bhíos im chloch. Ansin bhíos im chrann. Bhíos im phocaide gabhair ina dhiaidh sin. Go sábhála Dia sinn! Ansin rugadh i m'fhile mé. Ní thagann sé i gceist "ar mhaith leat a bheith i do scríbhneoir" faoi mar nach dtagann sé i gceist ar mhaith leat a bheith i d'eilifint. Níl aon rogha agat. Bheith id scríbhneoir nó bheith id chloch, caithfidh tú do dhualgas a chomhlíonadh agus teacht ar d'fhíornádúr i ndeireadh na dála..

An cuimhin leat an chéad dán a scríobh tú riamh?

GR: Is cuimhin go maith mhuis'. Bhíos im leoithne. B'in é an dán. Ach níor thuigeas é, ar ndóigh. Caithfidh tú a bheith i do dhán i dtosach, ansin i d'fhile, agus i do dhán arís ansin más féidir. Rothaí móra an tsaoil. Thóg sé tamall maith de bhlianta orm focail a aimsiú don dán ab ea mé féin, friotal, focalstór, stíl – teanga. Cad is teanga ann? Tír gan teanga tír gan anam, a deir siad. Ba mhaith liomsa cur leis an nath sin: teanga gan anam ní teanga í in aon chor. Tá an Béarla ag fáil bháis, an t-anam ann cniogtha. Tá Teamhair ina féar agus féach an Traí mar atá! Rothaí ag casadh. An Béarla cniogtha. Bímis buíoch den triúr is mó faoi deara sin, Bush, Bertie agus Blair. Beidh Éire buíoch díobh.

An raibh leabhair agaibh sa bhaile?

GR: Bhí an tigh lán de leabhraibh, sa Ghearmáinis. Is cuimhin liom carn mór irisí liteartha a bheith ann chomh maith ~ *Sinn und Form* mar shampla. Eagarthóir na hirise sin Peter Huchel. Blianta fada ina dhiaidh sin d'aistrigh mé a chuid dánta go Gaeilge, leabhar dar teideal *An Spealadóir Polannach*. Léaráidí breátha ann le B. Rosenheim.

An mbaineann tú féin leas as an leabharlann?

GR: Bainim mar is ball de chlub léitheoireachta mé. An leabhar is déanaí a roghnaíomar ná *Oracle Night* le Paul Auster. Is fiú é a léamh. Casadh bean orm an oíche cheana, Catherine McKenna, scoláire Breatnaise as Nua-Eabhrac. Scrígh sise blurba ar chúl *Portrait of the Artist as an Abominble Snowman*, rogha dánta dem chuid a aistríodh go Béarla. Níor bhuaileas léi go dtí sin. In Buswell's a bhíomar, scata againn, Liam Carson, Hans-Christian Oeser, mo bhean Eithne, is mise ag tabhairt amach mar gheall ar George W. Bush. Chas Catherine a cloigeann inár dtreo. An bhfuil a fhios agat cén fáth? Mar go raibh Paul Auster luaite agam. Dúirt sí go raibh sí chun dinnéar a bheith aici le Paul i gceann lá nó dhó ~ i Nua-Eabhrac. Rothaí an tsaoil ag casadh de shíor. Nach ait an rud é. Roghnaíomar leabhar a scríobh bean Phaul Auster dár gclub léitheoireachta chomh maith. Tá an saol breac le míorúiltí beaga.

Cad iad na tréithe atá inmhianaithe le bheith i do scríbhneoir?

GR: Braitheann sé. Is mór an chabhair é a bheith i do sheáman ó dhúchas.

An scríbhneoir nach seáman é (nó í) níl ann ach ceardaí proifisiúnta nó oirfideach a chuireann siamsaíocht ar fáil. Ach an seáman, tuigeann sé gur aistear síoraí is ea an saol agus gur féidir an t-am agus an spás a shárú agus do dhúchas síoraí a aimsiú agus a cheiliúradh. Gléas iontach chuige sin an haiku. Daingniú iontach ar an tuiscint sin is ea staidéar a dhéanamh ar Advaita, fealsúnacht neamhdhéach ar a dtugtar "Nonduality" sa Bhéarla. Tá fáil ar phéarlaí neamhdhéacha sa Chríostaíocht, sa Hiondúchas, sa Bhúdachas, sa Daochas agus in Ioslam ach dul á lorg.

Cad iad na deacrachtaí a bhaineann le bheith i do scríbhneoir Gaeilge?

GR: Deacracht ar bith. Tá an t-ádh dearg linn! Mise faoi duit! Níl dream is beannaithe ar domhan. Aon uair dá mbuailim le Cathal Ó Searcaigh bíonn straois go dtí an dá chluas air. É ag léimt as a chraiceann le háthas. Níl puinn léitheoirí againn (corrghealt thall is abhus) agus is amhlaidh is fearr é! Ní bhíonn leabhair Ghaeilge sna siopaí leabhar, ná i mórán leabharlanna ach an oiread; ní bhíonn siad á bplé ag na meáin – *ergo*, tá saoirse iontach againn. Níl éinne ag rá faic mar gheall orainn, olc, maith ná donaí. Cá bhfaighfeá a leithéid de shaoirse! Bheadh imní orm dá dtosnódh daoine ag léamh leabhar Gaeilge ach níl aon bhaol go dtarlóidh sé sin. Táim cinnte de!

Cé dó a scríobhann tú mar sin?

GR: Ní don ghlúin atá suas faoi láthair, bí cinnte de sin! Ná do na glúine a thiocfaidh. Scríobhaimse do na glúine a chuaigh romhainn ...

Cad é do mheas ar scríbhneoireacht chomhaimseartha na hÉireann?

GR: Fiafraíodh de Mhao cad a shíl sé de Réabhlóid na Fraince. "Th'anam 'on ducs," ar seisean, "tá sé i bhfad róluath chun aon ní a rá ina thaobh sin." Léimse Rumi. An duine a léann Rumi ní gá dó aon rud eile a léamh. Ní hin le rá nach léimse daoine eile. Bím ag léamh an t-am ar fad. I ndeireadh na dála áfach, is leor Rumi. Is ionann Rumi agus an t-iomlán, gach aon rud eile is blogh atá ann nó sciar, nó cuid den iomlán má thuigeann tú leat mé. Rumi is ea an ghrian. Réaltaí beaga gach éinne eile, a bhformhór acu ag dul as. An mhíorúilt a bhaineann le Rumi ná gur dhúisigh sé as an mbrionglóid ama agus spáis agus shleamhnaigh isteach sa tsíoraíocht is baile ceart dúinn go léir.

Cé eile a thaitníonn leat?

GR: Ó scata mór. Ach cad is fiú taitneamh? Cad is fiú pléisiúr? Ní thugaim taitneamh don taitneamh a thuilleadh. Tar éis duit Mirabai nó Kabir a léamh nó file *bhakti* ar bith, tuigeann tú nach é an taitneamh is tábhachtaí in aon chor ach síormheisce ríméadach. Bíonn na mórfhilí Súifí ag caint air an ríméad sin gan stad ~ agus á chur in iúl go sáréifeachtach. Hafiz, cuir i gcás. Nádúr Dé is ea an ríméad. Maidir le gnáth-thaitneamh... N'fheadar cén fáth ach tá greim millteach ag I.B. Singer orm. Na gearrscéalta aige. Na húrscéalta. Ba bhreá liom a bheith in ann é a léamh sa bhunteanga, an Ghiúdais. Ach ní i dtuilleamaí na leabhar a bhím an t-am ar fad. Faighim go leor téacsanna gach lá sa ríomhphost ó dhreamanna ar nós an NONDUALITY SALON agus POETRY CHAIKHANA agus tugann na sleachta a léim ar na suímh sin an-mhisneach dom. (Leargas breise ar na cúrsaí sin sa leabhar *Dialann Anama* uaim.)

An léamh is grinne ar fad a d'fhéadfá a dhéanamh ar théacs ar bith ná é a aistriú. É a shlogadh isteach i d'ionathar agus i d'anam. Níor thuigeas i gceart an saibhreas a bhaineann le ráitis Sri Ramana Maharshi, abair, go dtí gur thosnaíos ar é a ghaelú. Táim go mór faoi chomaoin ag na saoithe Advaita agus na naomh *bhakti*. Murach iad bheinn in umar na haimléise ar fad ar fad. Ar an seachrán. Is iad na filí naofa *bhakti* agus Advaita, bail ó Dhia orthu, a shoilsigh an ród dom, i bhfocail eile is iad a shoilsigh an solas ionam féin, solas nach féidir a dhealú ón síorsholas ~ Solas na Soilse is sinne go léir léir.

Tá breis is céad leabhar i gcló agat. Inis dúinn mar gheall ar an leabhar dar teideal **Nasrúidín** *a scróbh tú tamall gearr ó shin.*

Tá muintir na hAfganastáine agus muintir na hIaráice an-cheanúil ar Nasrúidín bocht. Deir siad liom gur leathamadán ab ea é ach sa leabhar seo agam deintear mórthaighde ar an leath eile. Nílim chun aon rud eile a rá ina thaobh.

Agus an bhfuil leabhar eile fós beartaithe agat ina dhiaidh sin?

Tá Nasrúidín chun leabhar a scríobh mar gheall ormsa ~ ach ní dócha go mbeadh aga agam ar é a léamh.

Smaointe dainséaracha

Ina shaothar *An Criticeoir Mar Ealaíontóir*, deir Oscar Wilde: "An smaoineamh nach bhfuil dainséarach ní fiú smaoineamh a thabhairt air in aon chor." An raibh smaoineamh dainséarach agat le déanaí?

Chaitheas an chuid is mó dem shaol oibre istigh sa Ghúm. D'fhéadá a rá gur ar imeall an tsaoil a bhíomar ansin, ar imeall shaol na Gaeilge fiú amháin. (Tabhair faoi deara gur "Imeall" an teideal atá ar an gclár faoi na healaíona ar TG4. Imeall! Cad tá cearr leis an Lár?)

Is dócha go bhfuil na heagrais Ghaeilge ar fad chomh ceangailte sin leis an Stát gur leasc leo smaoineamh dainséarach ar bith a bheith acu. Is im Eagarthóir Cúnta a bhíos ón lá a chuas isteach ann. Níor éirigh liom an dréimire a dhreapadh oiread is runga amháin. Chuas á lorg lá mar dhréimire ach theip orm teacht air. Caithfidh gur i bhfolach a bhí sé, áit éigin. Faoin staighre. Nó san íoslach. Nó seans gur os mo chomhair a bhí sé an t-am ar fad ach nár aithníos é.

Ar aon nós, i measc na gcéadta leabhar a cuireadh amach le mo linnse is cuimhin liom pictiúrleabhair oideachasúla a bhain leis na Ceiltigh, na Lochlannaigh, Ré Órga na Mainistreacha in Éirinn agus mar sin de.

Bhíos san Ard-Mhúsaem i Sráid Chill Dara le déanaí. Siopa leabhar an-deas acu ar do shlí isteach ann. Oiread is leabhar Gaeilge amháin níl ar na seilfeanna ann. Cá raibh na Ceiltigh? Cá raibh na Lochlannaigh? Tá Ard-Mhúsaem na hÉireann i bhfoisceacht scread Lochlannaigh de na heagrais Ghaeilge go léir, Foras na Gaeilge, Comhdháil

Náisiúnta na Gaeilge, Gael-Linn, Conradh na Gaeilge. Nach raibh éinne ó na heagrais Ghaeilge istigh sa Mhúsaem le déanaí nó má bhí an é nár chuir sé isteach ná amach orthu gan oiread is leabhar Gaeilge amháin a bheith le feiscint ann? B'fhéidir gur san íoslach atá na leabhair Ghaeilge go léir, an áit ina gcoinnítí Síle na gCíoch fadó agus clúidín uirthi! Ar mo leabhar!

D'fhéadfaí an rud céanna a rá faoin nGailearaí Náisiúnta. Tá sé sin leis, i bhfoisceacht scread ealaíontóra de na heagrais Ghaeilge ~ agus i bhfoisceacht scread TD de Dháil Éireann! ~ agus is ann atá ceann de na siopaí leabhar is breátha in Éirinn. Leabhair Ghaeilge? Ná bí ag magadh fúm!

Is institiúidí náisiúnta iad an tArd-Mhúsaem agus an Gailearaí Náisiúnta. Bheifeá ag súil go mbeadh leabhair Ghaeilge acu mura mbeadh aon ní eile ann ach grá don teanga mar shiombail náisiúnta. Ómós. Ach an mbeadh sé sin ag dul rófhada leis an scéal? Nach smaoineamh dainséarach a bheadh ann?

Dúrt i dtosach na haiste seo gur bhraitheas ar an imeall agus mé sa Ghúm. Tar éis scór bliain nó mar sin den imeallú sin bhraithfeá saghas neamhdhaonna, id lobhar. I gcaitheamh mo thréimhse go léir ann níor thugas údar, aistritheoir ná maisitheoir leabhair amach le haghaidh lóin ~ oiread is uair amháin. Bhíomar chomh himeallaithe, chomh teanntaithe istigh ann gur bhraitheamar an saol mór amuigh ansin a bheith rófhairsing dúinn; ní fhéadfá déileáil leis. Má bhí ábhair leabhair ag teacht isteach an t-am ar fad ón iasacht chun go ndéanfaí comheagráin díobh, ní raibh bunleabhar Gaeilge ar bith ag dul sa treo eile, ní raibh bunleabhair Ghaeilge á n-aistriú go teangacha móra agus beaga an domhain. Chuir sé sin leis an imeallú. Agus cuireann i gcónaí.

An chéad rud riamh a chonacsa sa Ghúm ~ Ó, a dhuine na n-árann, ní dhearúdfaidh mé go deo é, chuir sé an croí tharam ~ an chéad rud a chonacsa ann ná rolla leithris agus na focail Oifig an tSoláthair clóbhuailte ar gach leathán de.

Hú hucs, arsa mise ~ nath as *Fiche Blian ag Fás* (ag ligint orm a bhíos gur Blascaodach a bhí ionam) ~ Hú hucs, cad tá sa diabhal é seo? Faoi mar a dúirt cara liom ina thaobh, bhí sé snasta agus sleamhain agus siléigeach ina dhualgas dá réir.

Tá ráite agam cheana in áit éigin eile ~ agus smaoineamh dainséarach ab ea é ~ go bhfuil ardmheas agam ar go leor de na haistriúcháin a d'fholisigh An Gúm ó bunaíodh é. Raidht, seo an chuid dainséarach den smaoineamh anois: dá mbeadh meas ar bith ag Foras na Gaeilge (ar eagla na míthuisceana, is ionann An Gúm agus an Foras), dá mbeadh meas ar bith aige ar an bhfocal scríofa agus ar chultúr na léitheoireachta, chuirfí meitheal ag obair ar na sean-aistriúcháin sin, an litriú nua a chur i bhfeidhm orthu agus iad a chur ar fáil ansin ar an idirlíon do léitheoirí ár línne agus do na glúine atá ag teacht. Agus an cor chun donais i gcúrsaí eacnamaíochta agus fostaíochta mar atá, nach deas mar a choinneofaí meitheal de sheisear scoláiri óga i mbun oibre ar feadh trí nó ceithre de bhlianta!

Tá glúin nua anois ann nár chuala trácht riamh ar chuid de na seoidaistriúcháin a tháinig ón nGúm. Lámha in airde na daoine a chuala trácht ar *Lann Fada?* Is leabhar é sin nach gcífeá in áit ar bith. Leabhar gleoite. Is é atá ann a scéal féin á insint ag Lann Fada, Taoiseach Indiach Dubhchosach. Muiris Ó Catháin a chuir Gaeilge air. Teideal an bhunsaothair *Long Lance, The Autobiography of a Blackfoot Indian Chief.* An ceart go mbeadh fáil arís air sa chló Rómhánach?

Dar liomsa gur cuid dár n-oidhreacht teanga is litríochta an chuid is fearr de na haistriúcháin sin. Is saibhre i bhfad iad a lán acu ná na bunsaothair ó thaobh stile de agus tá an-saibhreas cainte iontu. Is fiú go mór *Lann Fada* a léamh.

An fear bocht, throid sé sa Chéad Chogadh Domhanda agus nuair a tháinig sé abhaile cuireadh ina leith gur den chine gorm seachas den chine dearg é agus nach raibh sa dírbheathaisnéis aige ach cumadóireacht. Piléar trína chloigeann a mharaigh é. Ní fios cé a scaoil. É féin? Seans maith. Tarlaíonn sé sin do dhaoine imeallaithe.

Seo sliocht as an leabhar aige ach go háirithe agus abair liom, ón méid a léifidh tú anseo de, dá mbeadh fáil arís air, an léifeá go deireadh é?

"Is é an chéad rud im shaol ar féidir liom cuimhneamh air ná tráth a raibh cúrsaí corraithe go leor againn de dheasca troda a tharla idir sinn féin agus treabh eile i dtuaisceart Mhontána. Is amhlaidh a bhí mo mháthair ag caoineadh agus í ag rith anonn is anall agus mise istigh im mháilín connlaigh ar a droim. Is cuimhin liom a dtarla chomh maith is dá mba inné é, cé ná rabhas ach bliain d'aois. Bhí mná agus capaill thart ins gach aon bhall, ach ní cuimhin liom go cruthanta ach amháin beirt bhan: mo mháthair agus m'aintín.

Bhí lámh mo mháthar ag cur fola. Bhí sí ag gol. Do shín sí mise chun m'aintín, do léim ansan ar mhuin capaill agus as go bráth léi. Bhí léargas éigin i m'aigne leanbaí féin go raibh buairt éigin ag tuar agus, cé gur b'annamh do leanbh Indiach bheith ag gol do ghoileas-sa ag lorg mo mháthar nuair a sceinn sise léi agus d'fhág ansúd mé. Dar liom ní fheicfinn go deo arís í...."

Níl aon locht air sin, an bhfuil? Agus nach mór an feall é an saothar sin agus na céadta eile a bheith ceilte ar an nglúin atá suas faoi láthair? Sin a bhfuil de smaointe dainséaracha inniu agam, a chairde gaoil.

Renku: máthair is athair an haiku

De bhrí go bhfuil INNTI marbh le fada ~ nó an ag geimhriú atá an créatúr ? ~ níl fócas lárnach ag an bhfile Gaeilge, níl príomh-uachtarlann aige chun a bhainne gabhair a dhíol ann, bualadh le filí eile agus tamall den lá a chaitheamh ina dteannta. Níl a leithéid de rud ann agus Club Liteartha ag Gaelaibh; mar sin níl ionad teacht le chéile ag daoine chun cúrsaí pinn a chíoradh. Agus fiú dá mbeadh, is dócha go dtitfeadh sé as a chéile, mo mhairg.

Ní mar sin a bhí in áiteanna eile, in Vársa na Polainne (má léigh tú riamh Singer), i mBúcairist na Rómáine (má léigh tú Eliade). Sna cathracha sin agus i ngach príomhchathair, beagnach ~ Páras, Beirlín, Deilí Nua ~ bhí traidisiún seanbhunaithe ann, scríbhneoirí ag teacht le chéile, ag malartú tuairimí, ag plé a raibh á scríobh acu féin agus ag daoine eile, ag ól caife, nó deochanna eile á gcaitheamh siar acu chun a bpaisean nó a dteanga a spreagadh, ag bitsíocht faoi léirmheas éigin, faoi dhráma éigin, ag tuairimíocht faoin saothar mór is déanaí a aistríodh go dtí a dteanga féin, ag scaothaireacht, nó b'fhéidir ag socrú eatarthu conas teacht i gcabhair ar dhuine dá gcomhscríbhneoirí a raibh mí-ádh éigin anuas air.

Is ainmhí liteartha mé féin agus nuair a bhíonn caidreamh den saghas sin le mo chomhscríbhneoirí de dhíth orm agus gan fáil agam ach ar leagan scáinte de, bíonn orm straitéisí nua a tharrac chugam féin. Tá deireadh leis na cúirteanna filíochta is ní subhach níos mó do Chromadh an tSubhachais!

Ceist bheag agam oraibh. An bhfuil an t-indibhidiúlachas chomh láidir sin i measc scríbhneoirí na Gaeilge nach leomhfaidís tabhairt faoi chomhaistí a chumadh? Tá traidisiún sa tSeapáin a ligeann duit do chuid individiúlachais a chaitheamh i dtraipisí agus tabhairt go subhach faoin ngrúpdhinimic. Go deimhin, sna miotais réamhstairiúla acu tá tagairtí do na déithe agus dánta acu á gcomhchumadh. Ba bhall mé de ghrúpa idirnáisiúnta *renku* ar a dtugtar Bealach na Bó Finne. Bhíos sáite ann le cúpla bliain sula raibh deis agam bualadh le mo mháistir groí, Shinku Fukuda, i dTóiceo na Seapáine. Ar shlí na Fírinne atá sé anois. Ollamh le Litríocht Chomparáideach ab ea é, dúchas na Seapáine go smior ann. Duine an-lách ar fad ab ea é, ach máistir dian ar a shon san. B'fhéidir nach "máistir" an focal ceart ach "treoraí" nó *sabakite*. Cuireann an treoraí tús leis an *renku* le véarsa trí líne. (Trí líne a bhíonn ann nuair a aistrítear go teangacha an Iarthair é pé scéal é ach is minice ná a chéile gach "véarsa" in aon líne amháin, é roinnte ina thrí chuid nó ina dhá chuid de réir mar a éilíonn an fhoirm.) Bíonn cuma an *haiku* ar an véarsa tosaigh sin; go deimhin, *hokku* atá ann agus in imeacht na mblianta shocraigh an *hokku* seo ar scaradh leis an gcuid eile de chorp an *renku* agus beatha dá chuid féin a lorg: is mar sin a tháinig ann don *haiku,* neamhspleách ar an *renku.* Anois duit! Rud annádúrtha mar sin ag fear *haiku* dul siar agus seanphréamhacha an *haiku* a lorg sa *renku.*

Cé na cúramaí a bhíonn ar an treoraí? Bhuel, i dtús báire caithfidh sé saothar na mball go léir a léamh, féachaint an bhfuil sé ag teacht le meon agus le struchtúr an dáin mar atá leagtha síos aige. Tagann na nascvéarsaí isteach níos sciobtha na laethanta seo mar tá facs nó ríomhphost ag gach éinne, fiú ag ár gcara Ion Codrescu thall sa Rómáin – nó teacht aige ar chibearchaife. Bíonn sé ag gearán go mbíonn an cibearchaife atá in aice leis, in Constanza na Rómáine, ag cur thar maoil le déagóirí glóracha, rud nach gcabhraíonn leis agus é ag iarraidh véarsa a chur leis an *renku* idirnáisiúnta.

Tar éis dúinn trí cinn de véarsaí a chur chuig Shinku dheineadh seisean iad a léamh agus ansin an véarsa díobh ab oiriúnaí, dar leis, a roghnú: an *sabaku* a thugtar ar an roghnú sin. I bhfocail eile, phiocadh seisean véarsa amháin amach as an trí shampla a bheadh curtha chuige ag baill an ghrúpa. Is minic a chuireas trí cinn de véarsaí trí líne, nó dhá líne, chuige agus níorbh é mo rogha féin díobh a phioc sé in aon chor, ar chúis éigin.

Ní hé feabhas an véarsa féin ó thaobh na filíochta de is tábhachtaí ach conas a sheasann sé i gcomhthéacs an *renku* trí chéile ar píosa comhchumadóireachta é i ndáiríre. D'fhéadfá a rá gur ceoltóirí i gceolfhoireann iad rannpháirtithe an *renku* agus an máistir mar stiúrthóir orthu. Nó d'fhéadfá féachaint air mar shlabhra. Bhí ar an máistir a dheimhnú go raibh gach lúb ann slán. Lúb lag amháin ann agus bheadh an rud ar fad i mbaol.

Is minic a chuireas véarsa chuig Shinku agus is é an rud a déarfadh sé ná, "Is maith liom é seo. Ach nílim chun é a úsáid. Ní sa *renku* seo. Cuirfidh mé i leataobh é. Beimid in ann leas a bhaint as lá is faide anonn."

Ní gá a rá go mbaineann scil ar leith le cúram an treoraí agus ní mór dó tuiscint íogair a bheith aige d'fhoirm seo an *renku*. Má dheineann tú cuardach ar an idirlíon agus *renga* nó *renku* a lorg, feicfidh tú go mbíonn go leor daoine sáite san obair seo ~ ach ón sracfhéachaint a thugas-sa ar na suímh sin feictear domsa gur againne a bhí an máistir ab fhearr!

An chéad chéim eile sa phróiseas seo ná an mheastóireacht, *jijou-suru*. Mura bhfuil an véarsa ag teacht leis an gcuid eile den *renku*, molann an máistir athscríobh, *icchoku*.

Paisean ag Shinku ab ea an obair seo ar fad. B'aoibhinn leis traidisiún ársa an *renku* a roinnt le scata filí thar lear. Bíonn gá le foighne, ar ndóigh, agus scileanna *renku* á bhfoghlaim agat mar ní hionann cultúr na Seapáine agus aon chultúr eile ar domhan.

Má luaimse planda, ainmhí nó éan éigin i mo chuid véarsaí, cuir i gcás, bíonn orm a bheith cinnte nach samhlaítear an focal áirithe sin le séasúr ar leith sa tSeapáin. Caithfear fanacht laistigh den séasúr atá leagtha síos ag an treoraí go dtí go dtagann an nascvéarsa sin ina gceadaítear duit a bheith neamhshéasúrach.

Tá tuiscint ag na Seapánaigh do na ceithre ráithe nach bhfuil againne agus baineann cáilíocht ar leith le gach ráithe díobh, mothú ar leith. Samhlaítear feiniméin nádúrtha le gach séasúr. Dath. Boladh. Atmaisféar. Fite fuaite leis seo go léir tá seanchreideamh na Seapáine, Sinteo. Maíonn an t-anamachas go bhfuil rud éigin beannaithe ag baint le crann, le carraig. (*Pace* toibreacha, sléibhte beannaithe na hÉireann agus mar sin de.)

Neartaíonn an Búdachas an dearcadh ómósach sin i leith an dúlra sa mhéid go leagtar béim ar an neamhfhoréigean, rud a chiallaíonn gan dochar a dhéanamh d'aon ní ~ don fheithid is lú amuigh. Agus cé a déarfadh nach dearcadh breá folláin é sin? Is cinnte gur dearcadh is ea é a théann chun sochair an té a bheadh ag cumadh *haiku* nó a bheadh ranpháirteach i ngrúpa *renku*. (Níl reiligiún níos mó ann, a dúirt Tagore, ná an reiligiún a léiríonn comhbhá leis an uile ní beo.)

Fillimis ar na séasúir. Nuair a thagraíonn an mórfhile Issa do chac an fhaolchú, abraimis, bíonn a fhios againn láithreach gur *haiku* geimhridh atá á léamh againn. Corplár an gheimhridh, go deimhin. Dúluachair na bliana. Bheadh an tsamhail sin as áit ar fad i gcomhthéacs an tsamhraidh. Níl focalstór inaitheanta againne sa Ghaeilge a chuimsíonn na séasúir, is é sin le rá níl Foclóir an Earraigh, Foclóir an tSamhraidh, Foclóir an Fhómhair ná Foclóir an Gheimhridh againn. Thug Bill Higginson, Meiriceánach (1938–2008), faoi fhéilire a chumadh ina raibh focalstór Béarla do na séasúir go léir ach toisc nach le ceantar aeráide amháin a bhaineann an Béarla, bhí tasc deacair curtha roimhe aige.

Samhlaímse an traonach agus an coca féir, abair, leis an samhradh. Ach is cuimhní ó m'óige iad sin, go háirithe i dtigh mo mhamó i gCnocán Íomhair, Co. na Gaillimhe. Ní mór iad na traonaigh ná na cocaí féir atá thart ar na saolta seo. Dá n-iarrfaí orm liosta a dhéanamh amach, b'fhéidir go gcuimhneoinn ar dhá scór éigin de ghnéithe den dúlra, gnéithe agus focail a bhaineann leis an samhradh amháin. Ach bheadh na céadta is na céadta focal ag an bhfile Seapánach a mheabhródh an samhradh dó.

D'fhoghlaimíos a lán ó Shinku Fukuda nuair a bhuaileas leis sa tSeapáin. (Tá cur síos agam ar an gcairdeas eadrainn sa leabhar taistil a scríobhas, *Ólann Mo Mhiúil as an nGainséis*.) Agus d'fhoghlaimíos a lán ó chairde eile ann, go háirithe nuair a thugamar cuairt ar theampall i Kyótó. Dhéanfá lániontas de na sluaite a thugann cuairt ar na teampaill agus is é an rud is mó a mheallann iad, seachas ómós a thabhairt do na teampaill agus do na manaigh a bheannaigh iad i gcaitheamh na staire, ná na crainn faoi bhrat duilliúir. Bíonn na crainn mhailpe go haoibhinn san fhómhar, an glas, an buí agus an dearg i gcoimheascar le chéile ~ nó, go minic, mar a bheadh aon scamall cródhearg amháin ann.

Ní fhaca a leithéid riamh in Éirinn, slua daoine faoi bhriocht ag breáthacht na gcrann. Níl spiorad na ndraoithe ionainn a thuilleadh, ní foláir. Agus dá mothófá an t-aoibhneas a bhaineann an Seapánach as na gairdíní Zen nach bhfuil iontu ach gairbhéal scuabtha agus cúpla carraig ina measc, déarfá leat féin go raibh *sensibilité* ar leith á léiriú duit.

Is ait an rud é an *renku*. Tá nath Zen ann a deir gurb é an chéad smaoineamh an smaoineamh is fearr. Is mar sin a oibríonn sé domsa go minic, caithfidh mé a rá. (Níl sé neamhchosúil le "haigne an linbh" ag an Ríordánach.) Is mar seo a oibríonn sé. Cuirtear véarsa chugam ón tSeapáin, nó ó Cheanada, abair. Bíonn orm freagairt dó. Freagraím láithreach dó. Ní bhím ag cur is ag cúiteamh. Ní bhím ag smaoineamh mórán. Tagann rud éigin isteach im cheann, íomhá de ghnáth, is é sin rud éigin atá ag tarlú ag an am, agus deinim taifeadadh láithreach air sula n-imíonn sé. Agus oibríonn sé ar chuma éigin. Cad ab áil liom a bheith ag smaoineamh air is ag tochas mo chinn ar feadh seachtaine? An féidir buachan ar cheol na nithe atá ag tarlú anois díreach?

Ní gá gur íomhá a bheadh ann. Dhéanfadh fuaim nó boladh éigin an chúis chomh maith céanna ach freagairt dó ar ar toirt. Nó rud éigin leathchloiste, leathfheicthe ~ ach é glé ar a shon san. Dá dtosnóinn ag smaoineamh air bheinn deich neomat ag smaoineamh air ~ agus ansin leathuair an chloig agus gan faic ag tarlú. Cén mhaith é sin? É a bhreacadh síos láithreach. Sin mar a bhímse ag plé le *renku*. Is féidir slacht a chur air ina dhiaidh sin, gan amhras, ach tá sé fíorthábhachtach an chéad smaoineamh sin a bhreacadh síos ina úire.

Ach ná ceap gur féidir rud ar bith faoin spéir a bhreacadh síos. Tá rialacha ann ar a dtugtar *shikimoku* a chuireann cosc ar nithe áirithe a lua. Seans maith go ndéarfadh an treoraí leat tagairt a dhéanamh don ghealach sa chéad véarsa eile, le do thoil, nó don ghrá; nó déarfadh sé leat gan tagairt ar bith a dhéanamh d'aon áit ar leith, ná tagairt a dhéanamh duit féin, nó ar chraiceann do chluaise gan rós a lua mar ~ féach! ~ bhí lile againn cheana, etc. Is diamhair an obair í! Níl aon dabht faoi.

Tá saghsanna éagsúla *renku* ann agus an saghas is mó a bhíonn á chleachtadh againne tugtar an *kasen* air, véarsa fada (trí líne, nó líne fhada amháin briste ina trí chuid) agus é sin a nascadh ansin le véarsa gearr (dhá líne), agus mar sin ar aghaidh go dtí go mbíonn 36 véarsa san iomlán againn.

An chéad *renku* a rabhas páirteach ann, i nGleann dá Loch a tharla sé agus mo chara Ken'ichi Matsumura mar threoraí nó *sabakite* againn. Tá staidéar déanta ag Ken'ichi ar litríocht na Sean-Ghaeilge, dála an scéil. Glóthach fhroig a spreag an véarsa oscailte uaidh. An téarma atá ag na Seapánaigh air sin ná *za-no-bungei*, litríocht á cumadh ag grúpa. Is i mBéarla a bhíomar ag scríobh agus dúrt liom féin ag an am, nach mór an trua nach féidir grúpa Gaeilge a thabhairt le chéile uair éigin chun *renku* a chleachtadh. B'fhéidir go dtarlóidh sé fós. Bhain filí mór le rá triail as an *renku*, Octavio Paz, príomhfhile Mheicsiceo, ina measc. Chuir Norman Darlington, Éireannach, foirm nua *renku* os comhair an tsaoil agus tá cur síos air in *Simply Haiku,* Samhradh 2005, Iml. 3, Uimh.2. Bhíos páirteach i *renku* mar chuid den fhéile Cúirt i nGaillimh roinnt blianta ó shin agus Alec Finlay, mac le Ian Hamilton Finlay (1925–2006), mar mháistir orainn. Éinne a bhí páirteach ann ní dhéanfaidh sé dearmad air, a déarfainn.

Níl aon chúis ná beadh scríbhneoirí na Gaeilge sásta foirmeacha ar nós an *renku* a fhoghlaim agus a chleachtadh. Is féidir rud amháin a rá mar gheall air sin: scríobhfaidh siad nithe laistigh de dhinimic an *renku* ná scríobhfadh siad go deo laistigh de na gnáthfhoirmeacha a chleachtann siad; mar bíonn níos mó ná do chuid fuinnimh féin ag dul isteach ann, bíonn comhfhuinneamh, comhinspioráid agus comh-chomhfhios an ghrúpa á mhúnlú tríd síos, ar bhealaí aite.

Tosnaíonn an *renku*, mar sin, le véarsa fada trí líne: moltar cúig shiolla a bheith sa chéad line, seacht siolla sa dara líne agus cúig shiolla arís sa tríú líne (nó an jab a dhéanamh in aon líne amháin mar atá sa sampla atá tugtha thíos). Ansin tagann véarsa dhá líne, seacht siolla an ceann. Is cóir a rá nach gcloítear le líon na siollaí i gcónaí (go háirithe lasmuigh den tSeapáin). Cuireann an tríú file véarsa 5-7-5 leis agus ar aghaidh libh go mbíonn 36 véarsa ar fad cumtha. Sin é an *kasen*, an fhoirm ab fhearr le Shinku. Ní bhíodh sé chomh tógtha céanna leis na foirmeacha eile, an *hankasen* (18 véarsa), an *nijuin* (20 véarsa), an *kocho* (24 véarsa), an *tankako* (20 véarsa) etc. Agus féach go bhfuil a ainm féin ar gach saghas *renku* díobh. Ach ní gá go mbeadh an leibhéal sin saineolais ag duine chun tabhairt faoin *renku* má tá treoraí foighneach á chomhairliú.

Aonad ann féin is ea an chéad sé véarsa ar a dtugtar an *jo*, saghas réamhrá. Deirtear faoin *jo* go scríobhtar é agus culaith is carbhat ort, is é sin le rá, tús foirmiúil is ea é. Is féidir an carbhat a chaitheamh uait ansan ar ball; tar éis an tsaoil, tá baill na cóisire tar éis aithne a chur ar a chéile agus ní gá a bheith rófhoirmiúil feasta. Sin é an cur chuige agus tabhair faoi deara gur cur chuige deasghnách é.

Nuair a bhí babhta tobchumadóireachta ar siúl agam féin agus Shinku Fukuda i dTóiceo bhí an seomra lán den atmaisféar deasghnách sin a shamhlaím le beannaitheacht ársa na n-ealaíon, beannaitheacht atá nach mór imithe as an saol ar fad. Nuair a léirítear urraim cheart d'fhoirm ealaíne, nuair a éilíonn an fhoirm áirithe sin an meas sin a léireofá agus tú istigh i séipéal, i dteampall, i mosc nó i sionagóg, tuigtear duit gur ag plé leis an mBriathar atá tú. An *haiku* agus an *renku* mar ealaín naofa? An é sin ata á rá agam? Sea. Ní i gcónaí, ar ndóigh ~ ach tarlaíonn sé. Cead bliain tar éis bhás Bashō d'fhógair ceanncheathrú an chreidimh Sinteo ina dhia é! D'aontaigh an chúirt impiriúil leis an gcinneadh sin.

Ealaín an *renku*, dáiríre, ná an léim a dheinimid ó ábhar amháin go hábhar eile laistigh d'aonad aestéitiúil. Véarsa ar a dtugtar an *ji* baineann sé leis an gcéad phearsa, "mise"; véarsa ar a dtugtar *ta*, baineann sé le duine eile, an tríú pearsa; baineann *jita* leis an gcéad agus leis an dara pearsa; níl pearsa ar bith ag baint le *ba* agus baineann *ashirai* le ceisteanna poiblí. Iontach teicniúil, déarfá. Agus is dócha go bhfuil, leis. Ach braithim go bhfuil sé go hiontach an oiread sin rialacha a bheith ag baint leis; tá cúis leo.

Bíonn áthas ar an treoraí nuair a chuirtear clabhsúr ar an *renku* agus léirítear sin sa véarsa deireanach, an *ageku*. Go deimhin, tá riail ann a deir go gcaithfidh an véarsa deireanach gliondar a léiriú. Cosc ar bhuairt! Nach breá é!

Nuair a roinneann daoine véarsaí mar seo agus iad ar aon láthair amháin bíonn gné mhothúchánach an-láidir ann. Oíche amháin i dTóiceo, i dtigh ár gcarad Fusako Matano, chan mo mháistir, Shinku, seanamhrán as a bhaile dúchais ar Oileán Sádó. (Scríobh Bashō *haiku* álainn faoi Bhealach na Bó Finne a fheiscint ar Oileán Sádó agus sin a thug a ainm don ghrúpa *renku* seo againne.) Is deas liom go bhfuil grianghraf agam den ócáid dhraíochtúil sin. Ní bheidh a leithéid arís ann! Nuair a bhí an t-amhrán ráite aige ~ bhí bualadh bos ar siúl aige féin agus ag Fusako chun rithim an amhráin a bhéimniú ~ bhí fonn orm *haiku* a chumadh agus a bhronnadh air:

faoi Bhealach na Bó Finne
Éire agus Sádó
an-ghar dá chéile.

B'in an aisling a bhí ag Shinku Fukuda, an domhan a aontú le draíocht na véarsaíochta. Nuair a cailleadh é scríobhas haiku *in memoriam* dó:

réalt
á nochtadh os cionn Oileán Sádó
is ag dul as

*

An bua is mó a bhaineann le *renku* agus *haiku* a chumadh i gcomhluadar a chéile, ní chaithfidh tú fanacht mí nó dhó nó trí chun an saothar a léamh in iris éigin: feiceann tú láithreach é agus an rud a scríobhfá ar naipcín páipéir, abair, is féidir é a scríobh amach go foirmiúil i bhfoirm peannaireachta, le dúch den scoth agus ar pháipéar den scoth. Agus nuair a bhíonn an méid sin déanta, cuireann an máistir a shéala dearg air. Cabhraíonn na deasghnátha sin, dar liom, chun t'aigne a uaisliú ar chuma éigin agus is nuair a uaislítear an aigne a thagann an Bhé ar cuairt.

Sea, bhí rud éigin sacraimintiúil ag baint leis an oíche sin i dTóiceo. Más uaigneach aonaránach í gairm an fhile, cruthaíodh domsa an oíche sin nach gá go mbeadh cúrsaí amhlaidh agus, go deimhin, nár mhiste spiorad Fhilí na Máighe a athbheochan.

Nuair a thugas an file Chicano Francisco X. Alarcón go hÉirinn bhaineamar triail as nascvéarsaíocht ríspéisiúil: bhreacadh Francisco líne ar phár agus ansin d'fhilleadh sé an leathanach ar an mbarr chun ná beadh radharc agam ar a raibh scríofa aige. Ba é mo sheans-sa ansin é cur leis an líne sin nach raibh léite agam, agus as sin go deireadh an leathanaigh. Bhí na torthaí thar a bheith spéisiúil; bhí aontacht mhistéireach éigin ag baint leis na comhiarrachtaí sin, aontacht ná tuigim i gceart go dtí an lá inniu. Saghas

éigin teileapaite, b'fhéidir? Tarlaíonn sé, cinnte, nuair a
bhíonn beirt (nó triúr nó níos mó) ar aon aigne agus iad ag
tnúth le teangacha i riocht lasracha tine ón aer.
Ceist agam ort! Ceist agam orm féin! An féidir tumadh i
gcultúr na Seapáine, a bheith ar maos ann, agus teacht
amach arís agus do chuid féiniúlachta slán? Ceist an-chasta
domsa is ea ceist na féiniúlachta, caithfidh mé a rá. Deintear
róshimpliú uirthi go han-mhinic. Uaireanta ceapaim go
mbím níos mó ag baile, níos mó ar mo shocracht agus Isaac
Bashevis Singer, Giúdach, nó Issa, Seapánach, nó Rumi,
Peirseach, á léamh agam ná Máirtín Ó Cadhain agus Seán
Ó Ríordáin, abair. Cén fáth sin? Thugas cuairt ar theampall
Zen i dTóiceo, Gótókújí, i bhfoisceacht scread asail do
theach Fusako. Bhí an clapsholas ag siúl na gcosán ciúin
inár dteannta. Go tobann, tumadh in anam na Seapáine mé
agus scríobhas an *haiku* seo:

Gótókújí ~
fuaim chlog an teampaill ~
scoilteann an aigne-chastán

Cad is aigne-chastán ann? Cad is castán ann? Cad is aigne
ann? Cad is brí le "scoilteann an aigne-chastán"? An ionann
é agus "an chastán-aigne"? Ná fiafraigh díom. An raiméis
ar fad é? Raiméis ghlan a déarfadh a lán. Déarfadh daoine
eile gur chuimhníos ar fhilí agus ar mhanaigh Zen (más go
comhfhiosach féin é) ar tharla soilsiú tobann aigne dóibh
nuair a chualadar clog teampaill á bhualadh agus nach tarlú
ceart ná eispéireas ceart a bhí laistiar den *haiku* thuas ach
macalla a ghin *pastiche* ~ mar a bheadh sampla saoithiúil
den rud is *acculturation* ann. Is speiceas ait mé ceart go leor;
ba cheart dom m'inchinn a fhágaint ag Coláiste Ríoga na
Máinlianna.

Ní féidir ach an méid seo a rá: tarlaíonn rudaí aite nuair a bhíonn *haiku* agus *renku* á scríobh agat, nó chun é a chur ar bhealach eile, scríobhtar rudaí aite nuair a bhíonn *haiku* nó *renku* ag tarlú dhuit. An rud is aoibhne faoin *renku* agus faoin *haiku* ná seo: ní bhíonn aon choimhlint ag tarlú san aigne a chumann iad. Luas an Cadhnach agus an Ríordánach thuas. Mar le coimhlint! Agus mar le féinchoimhlint! Dúirt an Yeatsach go gceaptar reitric as an gcoimhlint a bhíonn againn le daoine eile agus go gceaptar filíocht as an gcoimhlint a bhíonn againn linn féin. B'fhéidir é. Ach braithim gur domhan é domhan an *haiku* agus an *renku* atá ar easpa coimhlinte. Ní bhím i gcoimhlint liom féin nuair a scríobhaim *haiku*. Ar shlí, níl a leithéid de rud ann agus coimhlint aonair... ciallaíonn coimhlint go bhfuil dhá fhórsa (ar a laghad) in adharca a chéile. Aon fhórsa amháin atá laistiar den *haiku* agus den *renku*. Go deimhin, is í an aontacht sin an neart aestéitiúil agus an neart spioradálta atá acu. Is é an *haiku* a thug a theideal don leabhar taistil agam ná an *haiku* seo:

an ghrian os cionn na Himáilithe ~
ólann mo mhiúil
as an nGainséis

Níl aon choimhlint ansin. Seans go raibh coimhlint éigin ann roimis sin agus ina dhiaidh ~ ach ar feadh soicind sin na síoraíochta is feiniméan aontaithe amháin iad na heilimintí go léir atá sa *haiku:* an ghrian, na sléibhte, an mhiúil, an Ghainséis, mise ar a droim, ise ag ól. Ar muin na sléibhte, ar muin na gréine, ar muin na miúile, ar muin na Gainséise, ní hea ach slogtha ag sliabh, grian, ainmhí, abhainn. Cailltear an "mise", dáiríre, ní toisc na sléibhte a bheith chomh hard sin ná faic; cailltear an "mise" mar is dual don *haiku* ego an duine a scriosadh ~ ar feadh meandair.

Bheimis anseo go maidin agus scrios an ego againn á phlé. Deir Geert Verbeke ina leabhar *Hermit* (2008): "Here we talk of a possible paradox, because the setting free of the ego creates a feeling of self-value..." Díreach é. Murach an paradacsa bheadh an rud ar fad ró-éasca. Luas "acculturation" thuas. Is ait an mac é an t-athchultúrú céanna. D'fhéadfadh go bhfuil méid áirithe den athchultúrú ag tarlú do gach duine ach ansan arís tá daoine áirithe níos fearr ná a chéile chun nithe a shú is a dhíleá is iad féin a chlaochlú. An mbíonn géarchéim féiniúlachta ag mórán Gael, n'fheadar, nó an bhfuil staidéar ar bith déanta ina thaobh? Rumi, misteach, duine de na filí ba mhó a bhí riamh ann, pléann sé dúcheist na féiniúlachta an t-am ar fad, nach mór:

Bím ag machnamh air i rith an lae is á reic istoíche.
Cad as ar tháinig mé, cad tá in ainm is a bheith ar siúl
    agam?
Tuairim faoin spéir níl agam.
As áit éigin eile do m'anam, táim suite de sin,
Agus is ann atá mo thriall.

I dtábhairne eile ar fad a cuireadh tús leis an meisce seo.
Nuair a bhainfidh mé amach arís é
Is stuama a bheidh mé, go hiomlán. Idir an dá linn
Is geall le héan ó mhórchríoch eile mé, san éanlann seo.
Eitleoidh mé liom lá breá éigin,
Ach cé atá im chluais anois is a chloiseann mo ghuthsa?
Cé a chuireann focail im bhéal?
Cé a fhéachann amach le mo shúile cinn? Cad is anam
    ann?
Ní mór dom bheith ag fiafraí de shíor.
Dá bhfaighinn blas éigin de fhreagra ar bharr mo
    theanga,

Dá bhféadfainn éalú as carcair seo na meisceoirí.
Ní as mo stuaim féin a thánag anseo, agus ní mar sin a
   imeod.
Pé duine a thug anseo mé caithfidh sé mé a thabhairt
   abhaile.

An fhilíocht seo. Ní bhíonn fhios agam riamh cad táim
   chun a rá.
Ní bhím á bheartú.
Nuair is lasmuigh dá reic a bhím
Titeann ciúnas orm agus is ar éigean má osclaím mo chlab.

Tugann sé sin tuairim éigin duit! Téim as mo mheabhair,
beagainín, nuair a léim an dán sin. Is dán millteach ar fad é.
Nach dóigh leat? Rumi agus Issa na filí is cóngaraí dom
chroí. Deinim amach go gcaithfidh go bhfuil 40,000 *haiku*
léite agam i gcaitheamh mo shaoil. Nó is gearr go mbeidh.
Ní chreideann tú mé? Léas 3,000 *haiku* le hIssa anuraidh,
duine a chum breis agus 20,000 *haiku* ar fad. Ná habair liom
nár fhág an 40,000 *haiku* sin rian éigin orm. Ar Seapánaíodh
mé, oiread na fríde? An fusa mé a Sheapánú ná mé a
Ríordánú? Ag Dia amháin atá a fhios.
   Cuirimis an argóint seo sa treo eile. Cuir i gcás go raibh
Port na bPúcaí á sheinm ag Seapánach. Cé mhéid den
athchultúrú a chaithfeadh a bheith dulta i bhfeidhm air chun
go dtabharfadh sé an fonn mall sin leis gan cháim? An ceart
go mbeadh a fhios aige gur ó na daoine maithe a fuarthas
Port na bPúcaí an chéad lá? (Is dealraitheach nach iad na
sióga ach na míolta móra a chuala an té a chum an port
aoibhinn sin.) An gá go mbeadh an Ghaeilge go paiteanta
ag ár gceoltóir Seapánach? Smaoinigh air. Tá mé féin idir
dhá chomhairle faoi.
   Má éisteann tú le fliúit bhambú na Seapáine, an *shaku-
hachi*, abair, an gcloiseann tú gach a gcloiseann an

Seapánach nó an bhfuil do dhúchas féin ag teacht idir tú agus a lánbhlaiseadh mar cheol? An bhféadfá do dhúchas féin a chur i leataobh tamall agus dúchas níos sine ná do dhúchas féin ~ má tá a leithéid de rud ann ~ a chlos sa *shakuhachi?* Bíonn an-chaint ar dhúchas sa tír seo. Aithnímid go léir fir agus mná áirithe, cuid acu i mbéal an phobail mar iriseoirí, craoltóirí etc., agus a fhios againn ní hamháin nach bhfuil aon phioc de dhúchas na nGael ag roinnt leo ach gur daoine is ea iad a bheidh dall ar an dúchas sin go brách. Sea... má tá tuiscint agat don dúchas, cinnte, tá léargas breise agat ar Éirinn. Ach ná ligimis don dúchas teorannú a dhéanamh orainn, sinn a chur i mbosca, nó a bheith dall ar dhúchas nach é ár ndúchas féin é. Cloisimse rud éigin sa *shakuhachi* ar mó ná ceol é. Cloisim an ghaoth, an ghaoth chéanna a shéideann in Éirinn agus sa tSeapáin (nach mór).

Ina leabhar *Literary and Art Theories in Japan,* deimhníonn Makoto Ueda gurb é atá sa *renku* ná sraith *haiku* agus iad nasctha le chéile. Thóg sé tamall orm teacht isteach ar an nasc sin agus aontacht an *renku* a fheiscint i gceart. Sna seanlaethanta, ba mhinic grúpa *renku* ag teacht le chéile am suipéir agus babhta cumadóireachta a dhéanamh i dteannta a chéile. Bheadh scríobhaí ainmnithe acu chun na véarsaí a bheadh roghnaithe ag an máistir a bhreacadh síos. Chríochnaítí an *renku* laistigh de thrí nó cheithre uair an chloig.

Chuir an file *haiku* Shiki Masaoka in aghaidh an *renku* sa tréimhse Meji in 1893. (Tá scata *haiku* leis sa leabhar filíochta agam *Oráistí.*) Ní fhéadfaí litríocht a thabhairt ar sheánra má bhí níos mó ná duine amháin páirteach ann, dar leis. Rómhór faoi thionchair an Iarthair a bhí sé, seans. Ar aon chuma, chuaigh an *renku* i léig ansin. Chuaigh go leor sainealaíon de chuid na Seapáine i léig tar éis an Dara Cogadh Domhanda mar gur samhlaíodh leis an náisiúnachas iad, is dócha, agus níor tháinig an *renku* chuige féin arís go dtí 1955 nó mar sin. Máistrí ar nós Shinku Fukuda a choinnigh beo é inár ré féin. Tamall sular éag sé, d'fhiafraigh sé díom cad iad na foirmeacha a bhí sa Ghaeilge againn a raibh dialóg, agallamh nó comhchumadóireacht ag roinnt leo agus ní raibh deis agam labhairt leis i gceart i dtaobh ealaíona béil na Gaeilge agus tobchumadóireacht na bhfilí ...

Deireadh Shinku gur dinimic an tsnagcheoil, geall leis, atá laistiar den *renku* agus gur ón *renku* a d'fhoghlaim an cumadóir John Cage an tobchumadh. Ní fear mór snagcheoil mé féin, caithfidh mé a rá ~ dob ea, tráth ~ ach braithim gur rud luachmhar is ea an tobchumadh, pé ealaín a bheadh idir lámha agat. A Chníops! Táim bréan tuirseach den saghas sin scríbhneoireachta ná deineann iarracht faoin spéir ar phreab a bhaint asat ~ ná preab a bhaint aisti féin! Tobchumaimis!

Ní fearr rud a dhéanfaimis ag an bpointe seo is dócha ná féachaint ar an *renku* thíos. *Ceiliúr na Spideoige* is teideal dó. Páirteach ann bhí an treoraí, Shinku Fukuda, fear ón Rómáin, Ion Codrescu, bean Sheapánach, Fusako Matano agus mé féinín.

1. ceiliúr na spideoige
    scamaill bhána
    os cionn an tsléibhe   (ION)
2. ag síneadh fad do radhairc uait
    duilleoga úra   (SHINKU)
3. tost
    is gan á bhriseadh ach crónán
    phrintéir na hoifige   (GABRIEL)
4. cruinniú gan choinne
    cabaireacht fhada le cara   (FUSAKO)

1. captaen
   beannaíonn dom
   éirí na gealaí   (SHINKU)
2. cumhracht na gcastán rósta
   sa tseanchearnóg   (ION)
3. ag filleadh abhaile
   mo stóirín faoi ghúna éadrom
   an mhaidin is fuar   (FUSAKO)
4. corraíonn sí go domhain i m'ionathar
   an leannán nach bhfuil ann   (GABRIEL)
5. ar an deasc
   bréagán agus
   boinn airgid ón gcoigríoch   (ION)
6. láthair an júdó
   liú maíte chun na spéire   (SHINKU)

1. fear sneachta
   ag taibhreamh faoi bhean sneachta   (GABRIEL)
2. titeann idir ré is réaltaí
   is cóngaraí dom an spás   (FUSAKO)
3. rat-a-tat
   cois trá
   druma á bhualadh   (SHINKU)
4. gadhar ag amhastrach
   arís is arís eile   (ION)
5. beoldearg
   smeartha go tanaí
   coinne rúnda   (FUSAKO)
6. focail ón gcroí aníos
   greamaithe sa scornach   (GABRIEL)

1. fál na scoile
   lagbhúir
   na traenach i gcéin   (ION)

2. laglonrú solais
    is doiléir í an altóir   (SHINKU)
3. bláthanna ar an gcrann
    tá misneach fós
    sa saol seo   (GABRIEL)
4. is mall ag imeacht é an t-earrach
    ag ól *sake* le chéile   (FUSAKO)

Más é seo an chéad uair duit *renku* a léamh, seans go
ndéarfaidh tú leat féin gur diail an obair í ceart go leor, pé
diabhal a smaoinigh air an chéad uair, nó an é atá á rá agat,
"Th'anam 'on ducs, a bhuachaill, níl bun ná barr leis!"
Bhuel, tá barr leis, tá an méid sin cinnte, agus tá bun leis
chomh maith, is léir.

Deir daoine áirithe gurb é atá sa *renku* ná mar a bheadh
féileacán ann ag eitilt ó bhláth go bláth, ó thom go tom.
Tum ann! Cén tuairim a bhí ag an saineolaí, Shinku Fukuda,
i dtaobh an *renku* áirithe sin?

Díríonn sé ár n-aird ar an spideog, a shamhlaítear leis an
samhradh (1, véarsa ION), agus na duilleoga ina véarsa féin
(2, SHINKU). Is amuigh atáimid. Go breá. Tarlaíonn an
briseadh atá de dhíth orainn im véarsa féin (3, GABRIEL).
Is istigh atáimid anois. Níl rian den dúlra ann. Tá an tost,
leis, i réim i mo véarsasa. Bristear an tost sin le comhrá (4,
SHINKU).

Ar aghaidh linn anois go dtí an dara haonad. Tá an
ghealach againn, a sheasann don fhómhar (1, SHINKU)
agus treisíonn an dara véarsa mothú an fhómhair le boladh
na gcastán rósta (2, ION). Iarradh ar an gcéad bhall eile den
ghrúpa *renku* seo caidreamh daonna a léiriú ansin, chun an
cian a thógáil dínn agus sin é a fhaighimid uaithi (3,
FUSAKO). Níl in aon ní ach seal, ar ndóigh, agus tá imní
nochta sa véarsa grá agam féin (4, GABRIEL). Treisítear
mothú sin an easnaimh sa chéad véarsa eile (5, FUSAKO).

Cuireann SHINKU clabhsúr ar an dara haonad le seaimpín júdó!

Dar le Shinku ~ agus is é is fearr a thuigfeadh ~ tá rud éigin aonaránach ag baint leis an liú thuas agus deir sé gur éirigh liomsa freagairt go maith dó agus mé ag tabhairt faoin tríú haonad (1,GABRIEL) agus is deas mar a neartaíonn an chéad véarsa eile an ghné áirithe sin (2, FUSAKO).

Bogann an máistir an suíomh ansin; ó dheas linn (de réir dealraimh) agus sinn ag éisteacht le drumaí cois trá (3, SHINKU). Sa chéad véarsa eile, tá sé faoi mar a bheadh gadhar ag freagairt don druma agus feictear do Shinku go bhfuil iarracht den ghreann sa líne sin (4, ION). Caithfidh mé a rá, ní fhaca mé féin an greann, ná an ceangal leis an líne roimhe, go dtí gur chuir Shinku ar mo shúile dhom é. Ach tá cead ag duine a rogha léamh a dhéanamh ar *renku* ar bith. Tá macalla an amhastraigh fós le clos, dar le Shinku, agus an bhean ag deifriú chun a leannáin (5, FUSAKO) agus cruthaímse tocht sceitimíneach, dar leis, nuair a chuirimse leis an véarsa sin (6, GABRIEL). Bhaineas an-sásamh ar fad as an anailís a dhein Shinku ar na véarsaí.

Cuireann ar gcara Rómánach tús leis an aonad deiridh agus is iontach an treisiú í an traein ar a bhfuil ráite roimhe, dar le Shinku (1, ION). Tá an t-atmaisféar i gceart. Meabhraíonn sé radharc as scannán dó, a deir sé. Cuireann Shinku féin leis an atmaisféar ansin (2, SHINKU) agus tagaimse isteach le mo sheanmhana, "Múscail do mhisneach!" (3, GABRIEL). Agus sa véarsa deiridh ar fad (*ageku*) ólaimid sláinte a chéile go subhach, ainneoin go bhfuil an t-earrach ag imeacht.

Agus sin é mo scéal, má tá bréag ann bíodh, ní mise a chum ná a cheap ~ ach scata breá meidhreach againn!

Troid in aghaidh na forbartha

Tréimhseachán frithshibhialtachta a thugann *Green Anarchy* air féin agus chuireas spéis nach beag sa mhéid a bhí le rá ag John Zerzan ann mar gheall ar an gCiúnas. Is minic mistigh agus ainriailaithe ar aon fhocal, nó ar aon chiúnas más maith leat! Dá mbeadh suim agat i dteoiricí Zerzan scór bliain ó shin d'fhéachfaí ort mar sheanhipí nó leathghealt ach sa lá inniu tá céimithe ag scríobh tráchtas mar gheall air. Maíonn Zerzan gur comhcheilg torainn atá sa tsibhialtacht ina mairimid. Is ann don chomhcheilg sin chun an Ciúnas corrach a chlúdach.

Ar labhair tú mórán inniu? Ar labhair tú an iomarca? Nár chóir go dtostfá tamall? Bíonn daoine áirithe ag faire ar an méid a itheann siad nó ar an méid a ólann siad, ar an méid atá ag dul isteach ina mbéal. Is beag duine a bhíonn ag faire ar an méid a thagann amach as an mbéal!

Fear a thug Conamara air féin, tamall, ach gur choimeád gadhar glórach ó chodladh na hoíche é, ab ea Wittgenstein agus deir Zerzan gur thuig Wittgenstein thar éinne eile an gaol seo leis an gCiúnas atá caillte againn, gaol a bhí agus atá riachtanach. Primitíveachas nua atá ag teastáil ó Zerzan. Ach ní féidir dul siar, níl aon dul siar, a mhic-ó. Sin a deir daoine leis. Ó, an mar sin é? Níl aon dul siar, ab ea! Nach bhfuil? Cad ab áil leat mar sin, leanúint ar aghaidh agus titim le haill?

Cinnte dearfa is féidir dul siar. Más gá! Sea, tá na hollbhealaí á dtógaint ar dalladh agus tá na dambaí móra a dtógaint, san India, sa tSín, san Afraic agus ina lán áiteanna eile ach tá daoine amuigh ansin, leis, a deir Zerzan agus iad ag troid go cróga in aghaidh na "forbartha" sin. (Bhí cuid acu i dTeamhair ní fada ó shin agus tá cuid acu fós i Maigh Ola!) Domhandú. An bhfuil tú ar a shon nó ina choinne? Sin í an cheist. Mura bhfuil d'aigne déanta suas go hiomlán agat, seans go bhfuil sé in am agat *Green Anarchy* a léamh, dhá eagrán in aghaidh na bliana, síntiús saor in aisce más príosúnach thú (ar an gcoinníoll go roinnfidh tú le do chomhchimí é)!

Rud amháin a thaitníonn liomsa faoi Zerzan, caithfidh mé a rá, ná go gceistíonn sé stuif na sibhialtachta. Bhfuil X, Y, agus Z uait dáiríre? Ní fhéadfá maireachtáil ina n-éagmais, nach bhféadfá? Im chás-sa, níl gluaisteán agam, ná fón póca ná uaireadóir agus ní bhraithim uaim iad. Ceart go leor, tá ríomhaire agam (ach diúltaím do Facebook) agus tá clog ar an ríomhaire más mian liom an t-am a sheiceáil. Mar sin, táim idir dhá shaol, ar shlí. Glacaim le cuid de, mórán eile níl sé uaim in aon chor.

An maith liom a bheith ag caint le meaisíní nuair a bhíonn orm bille a íoc, cuir i gcás? Ní maith. Cuireann sé fionnaitheeacht orm. Ach cén rogha atá agam? Is cuimhin liom go rabhas ar an bhfón uair amháin agus i lár abairte arsa mise, "Stop! An duine nó meaisín thú?" *Is duine mé*, an freagra. Ach ba ghuth saghas zombaíoch é, mheasas. Ní fhéadfainn lámh a chur ar mo chroí is a rá gur duine a bhí ann. Leathdhuine, leathmheaisín b'fhéidir. Tá a leithéid feicthe agam. Agus ná labhair liom ar an nguth tiarnúil Sasanach sin a bhíonn le cloisteáil ar ardaitheoirí áirithe agus í ag fógairt go bhfuil an t-ardaitheoir ag dul suas nó síos, pé áit as a dtáinig sí an raicleach mhídhaonna.

"Saorfaidh an teicneolaíocht sinn!" B'in an mana a bhí le cloisteáil thall agus abhus i dtús ré na teicneolaíochta. Nárbh ea? Bhuel? Ar tharla sé, dáiríre? Ar saoradh tusa? In

agallamh le Zarzen sa *Journal for the Study of Radicalism*
(2008, Michigan State University) deir sé go n-osclaíonn an
cheist sin, an mana sin, canna péisteanna:

> That opens up virtually every lie there is about
> technology, and that's such a core thing to me. What
> if all these things are false? Well, they are false, so
> what do you make of that? Where does that take
> you? Let's look at these claims: they are preposter-
> ous, they just are. It brings us together, technology?
> Then why has there never been so much isolation?

Agus mar sin de. Pé seasamh atá agat ar na cúrsaí seo, ná
lig Zarzen tharat. Is fiú tamall den lá a chaitheamh leis, i do
thost.

A bhfuil i ndán

Cad atá i ndán don dán? Cad atá i ndán don litríocht? Is ceisteanna iad sin a chránn daoine áirithe. (Ba cheart dóibh dul amach agus níos mó den saol a fheiscint, a déarfadh daoine eile). An mbeidh filíocht Ghaeilge ~ nó filíocht i dteanga ar bith ~ á cumadh i gceann leathchéad bliain? Bhíos im stiúrthóir ar cheardlann haiku sa Schule für Dichtung (Acadamh na hÉigse) in Vín tamall ó shin agus an bhfuil a fhios agat an rud is mó a chuir iontas, agus deargiontas, orm? Mheas gach éinne go raibh deireadh linn! Agus nílim ag caint ar chúrsaí geilleagair mar nach raibh an drochscéal sin fógraithe go fóill. Ní hea. An domhan, a dhuine. Bhí sé ródhéanach anois, dar leo, chun an pláinéad a shábháil. Chuireas ina gcoinne go tréan. Hé, cad is fiú dánta nó haiku nó aon ní eile a scagadh mura bhfuil faic i ndán dúinn go léir ach droch-chríoch thubaisteach? Ina dhiaidh sin is uile, arsa mise liom féin, is deacair an milleán a chur orthu; nach bhfuil matalaing agus tubaistí móra á dtuar ag mórfháithe ár linne le fada an lá? Ní gá dul chomh fada siar le Nostradamus.

Nuair a ghlac sé leis an Duais Börne, mheabhraigh George Steiner dúinn, criticeoir agus fealsamh a bhfuil meas agam air, gur aíonna is ea sinn ar an bpláinéad seo. San óráid bhuíochais uaidh dúirt sé go raibh na tonnaí bruscair ina luí ar Shliabh Everest, go raibh na farraigí ag fáil bháis, go raibh speicis plandaí is ainmhithe gan áireamh ag fail bháis... (Ar ndóigh is do Shliabh Everest a thagair Steiner faoi mar nach raibh ainm níos ársa agus níos dúchasaí ann, ach sin scéal eile... nó b'fhéidir nach ea!)

An bhfaca sé leigheas ar bith ar an scéal? Ní fhaca. Barbaraigh is ea sinn, dar leis. Tá meisce na teicneolaíochta orainn. Tá slad déanta againn sa tigh aíochta seo (an domhan) a d'oscail a dhoirse go fáilteach dúinn. Slad. Táimid inár ngealta, a deir Steiner. Gealtachas airgid an galar atá orainn. Ní bheidh seans ag an bpláinéad seo go dtí go n-imeoimid! Is san iris *Kulturchronik,* Uimh, 2, ón mbliain 2003 a léas é sin. Is táimid fós beo. Tá. Ach tá na farraigí ag éirí, nach bhfuil, agus tá níos mó agus níos mó gluaisteán ag teastáil ó mhuintir na Síne agus ó mhuintir na hIndia, rud a chuirfidh na farraigí ag éirí níos tapúla fós. A Dhaidí na mBolg, ná tabhair gluaisteán d'éinne an Nollaig seo!

Sea, agus cá seasann an litríocht, an fhilíocht, sa chíor thuathail dhomhanda seo go léir? An bhfuil an litríocht ag cur le deireadh an domhain? (Agus nílim ag caint ar na foraoisí is gá a leagan chun tionscal na leabhar a choimeád beo.) An dtugann an litríocht dóchas do dhaoine, an spreagann an litríocht seiftiúlacht agus misneach ionainn chun tabhairt faoi na fadhbanna atá againn mar phobal agus mar chine? An bhfuil aon ról ag an scríbhneoir inniu chun an domhan a bheidh ann amach anseo a mhúnlú?

An-scríbhneoir ab ea J. G. Farrell a bádh amach ó chósta Chorcaí roinnt blianta ó shin. San úrscéal aige *The Siege of Krishnapur* (1973) cuirtear na focail seo i mbéal an phríomh-charachtair ann, fear a bhí ina fhinné ar an mbarbarthacht a tharla ar an dá thaobh le linn na Ceannairce san India. "Culture is a sham," a dúirt sé. "It's a cosmetic painted on life by rich people to conceal its ugliness."

Ón méid a tharla san úrscéal corraitheach sin, bheadh leathfhonn ar an léitheoir aontú leis an tuairim sin. Ach mura bhfuil níos mó ná sin ag baint le cultúr, is beag dínit ná dóchas a bheadh fágtha againn agus d'éireodh leannáin óga as a bheith ag pógadh a chéile, ag éisteacht le ceol is ag cumadh véarsaí seirce!

Is é is brí le peann a chur le pár ná freagairt do mhistéir na beatha, an chruthaitheacht ag freagairt don Chruthaitheoir. Tá an domhan ag cur thar maoil le mistéirí beaga is le mistéirí móra. Bhí riamh is beidh go brách. Mistéir na breithe, mistéir an ghrá, mistéir an bháis. Mistéir an fhocail féin! Níl aon léamh orthu. Sin an fáth a mbeifear ag scríobh ina dtaobh agus ag léamh ina dtaobh go Lá Philib an Chleite. Agus mo sheanchara, Pilib an Chleite féin, beidh seisean ag scríobh mar gheall orthu go Lá an Luain.

Tá a bhfuil i ndán don dán ag brath ar an-chuid fachtóirí. Braitheann sé ar fhoilsitheoirí, ar chraoltóirí, ar oideachasóirí agus ar léitheoirí, ar ndóigh. Cad atá i ndán don leabhar féin nó an dtógfaidh an t-idirlíon is an leabhar leictreonach áit an leabhair amach anseo? Tá an giúiré amuigh ina thaobh sin. D'fhéadfá a rá go bhfuil todhchaí na litríochta ag brath ar aistritheoirí chomh maith. Dúirt an Portaingéalach José Saramago, Duaiseoir Nobel, gurb é an t-údar a chruthaíonn litríocht náisiúnta ach gurb é an t-aistritheoir a chruthaíonn litríocht dhomhanda. D'fhéadfaí litríocht na Gaeilge a neartú as cuimse, dar liom, ach cúrsaí aistriúcháin a fhorbairt ar bhonn fuinniúil ~ sa dá threo, aistriúcháin isteach agus aistriúcháin amach.

Nuair a smaoiním ar a bhfuil i ndán don litríocht amach anseo, smaoiním ar an léitheoireacht mar chaitheamh aimsire. Caithfear am a chur i leataobh dó. Ní nochtann gearrscéalta agus dánta áirithe a rún ar an gcéad léamh; is gá filleadh orthu. Ach tá daoine ann ina milliúin is níl am fóillíochta acu dóibh féin. Bíonn siad ag saothrú leo ó dhubh go dubh chun greim a chur ina mbéal. Ní lón léitheoireachta atá uathu más gan lón bia atá siad.

Is fíor. Ach ansan arís, tugann an litríocht deis dúinn chun na ceisteanna sin a ardú agus a phlé nó chun drámatú a dhéanamh orthu. Déanann an iriseoireacht sin chomh maith agus nuacht na teilifíse ach an cháilíocht a bhaineann le dea-litríocht ná go bhfanann iarsmaí di, eisint éigin, inár gcroí is inár n-anam toisc gur dingeadh isteach ionainn iad le cumhacht na samhlaíochta.

Rud eile a ritheann liom nuair a smaoiním ar a bhfuil i ndán don litríocht ná saoirse. Cuimhnigh ar scríbhneoirí a ndéantar cinsireacht orthu. Cuimhnigh ar scríbhneoirí atá i bpríosún. Balbh. Ina dtost. Cuimhnigh ar scríbhneoirí atá ar deoraíocht in aghaidh a dtola. B'éigean don scríbhneoir mór as an Albáin, Ismail Kadare, tearmann a lorg sa Fhrainc sa bhliain 1990. "Namhaid nádúrtha na deachtóireachta é an scríbhneoir," a dúirt sé.

Beidh todhchaí na litríochta ag brath ar shaoirse, mar sin. Saoirse, thar aon ní eile.

Guantánamo agus eachtraí eile

Ní mór an spéis a bhí agam sa pholaitíocht agus mé ag éirí aníos. Bhí a fhios agam gur fhág Cogadh na gCarad a rian ar chúrsaí polaitíochta in Éirinn ach mar fhreagra ar an gceist an ar son de Valera nó an Choileánaigh a bhí mé, bhí orm a admháil nach raibh a fhios agam cár sheasas. Tar éis an tsaoil, bhí m'athair tagtha ón nGearmáin agus gan aon chuid den bhagáiste sin aige.

Bhí múinteoir staire agam i gCarraig an Tobair agus tar éis dom an scoil a fhágaint chuir sé litir chugam. Bhí páirtí nua le bunú in Éirinn, an Liberal Partry, creid é nó ná creid, agus ar mhaith liom a bheith im bhall. Léas an bhileog a chuir sé chugam agus scríobhas ar ais chuige á rá nár mheasas go raibh aon smaointe radacacha aige chun an Ghaeilge a athbheochan agus dá réir sin nach mbeinn im bhall. Níor chuala gíocs ó shin uaidh. B'in mise agus an Liberal Party.

Nuair a bhí cúrsaí ó thuaidh imithe in ainm an diabhail ar fad, shocraíos go raibh sé in am agam clárú le Sinn Féin agus chuireas litir chucu. Litir nár bhain ceann scríbe amach. Is dóigh liom gur sceith an mháistreás poist (nó duine éigin) orm mar an mhaidin dár gcionn tháinig an Sáirsint go dtí an doras agus dúirt le mo mham gur chóir súil ghéar a choimeád orm, gur ábhar sceimhlitheora nó rud éigin a bhí ionam. Níor nuacht dom mháthair é an scéal sin a chlos. B'in mise agus Sinn Féin ach go háirithe.

Bhíos leath ag spraoi leis na Glasaigh ansin, bhí, tamall maith sula raibh aon iomrá ceart orthu. Ach ansan i gColáiste na hOllscoile, Corcaigh, dom bhíos gníomhach go maith i gcúrsaí amharclannaíochta. Bhí páirt agam i leagan Gaeilge den dráma iontach sin *The Crucible* le Arthur Miller. Duine de na haisteoirí sa dráma sin, Loreto Murphy, dúirt sí liom go raibh deartháir léi, Michael, ag seasamh do Pháirtí an Lucht Oibre agus an dtabharfainn lámh chúnta dhó, go mbeadh sé ag canbhasáil i mo dhúthaigh féin gan mhoill. "Fág fúmsa é!" arsa mise léi go díograiseach. Bhíos ábhairín ceanúil uirthi an dtuigeann tú ach cur amach dá laghad ní raibh agam ar Pháirtí an Lucht Oibre. (Tuigeadh dom go raibh baint éigin aige le hobair agus is ag iarraidh obair a sheachaint a bhíos. Pé scéal é ~)

Bhí go maith is ní raibh go holc. Chuireamar chuige. Tar éis an Aifrinn i gCill Fhíonáin, sheasamar ar leantóir i lár an bhaile agus thugas óráid bheag uaim i nGaeilge ~ nár thuig aon fhear ach Aesóp. Bhí a fhios agam láithreach nach raibh an óráid ag dul síos go maith mar bhí cuma chrosta dhuairc ar gach éinne agus ansin léim mo chroí le háthas nuair a chuala an liú, "Fair play, Gabriel." Cé a bhí ann ach Simpleoir an tSráidbhaile. Chuaigh gach éinne abhaile ansin sula raibh deis ag an bpríomhchainteoir soiscéal Pháirtí an Lucht Oibre a chraobhscaoileadh.

Leanamar orainn ach go háirithe gur bhaineamar Ard Phádraig amach agus chnagamar go hidéalach ar dhoras feirmeora. Mise Rosenstock as Cill Fhíonáin agus táim ag canbhasáil ar son mo dhuine anseo, Michael Murphy. Fear maith. Aon tseans uimhir a haon a fháil uait? Tá rud éigin deas agam daoibh, arsa an feirmeoir agus isteach leis arís. N'fheadar cad tá aige dúinn, arsa mise le Michael. Braoinín fuisce, b'fhéidir? Bhí gá le huchtach éigin. Bhí. Spreagadh éigin. Bhíomar saghas in ísle brí. Tháinig sé amach arís is gunna dhá bhairille aige ina lámh. Sea bhuel, b'in mise agus Páirtí an Lucht Oibre.

Aon uair eile a iarradh orm páirt a ghlacadh i gcúrsaí polaitíochta bhí orm a rá go rabhas ag obair don Ghúm, gur státseirbhíseach ab ea mé agus go raibh teir agus toirmeasc orm mo bhéal a oscailt..

Ansin le déanaí d'iarr na foilsitheoirí Coiscéim orm leaganacha Gaeilge a sholáthar dóibh ar dhánta a bhí cumtha ag cimí i mBá Guantánamo. Tar éis dom na dánta a léamh agus leaganacha Gaeilge díobh a chur ar fáil, scríobhas Iarfhocal a chruthaíonn nach bhfuilim chomh neamhpholaitiúil is a bhím ag ligint orm. Seo sliocht as:

Bíonn caint ó thráth go chéile ar chogadh na sibhialtachtaí ach cén tsibhialtacht ar fiú sibhialtacht a thabhairt uirthi a chruthódh an fíoríochtar Ifrinn is Guantánamo ann?

Is dánta iad seo a léifidh daoine nach léann mórán filíochta de ghnáth, a déarfainn, toisc go bhfuil a lán againn ní hamháin fiosrach ach buartha faoin méid atá ag tarlú laistiar de na ceannlínte nuachta, laistiar den tsreang dheilgneach, istigh sa sluachampa géibhinn sin is Guantánamo ann. Ní hé is tábhachtaí linn anseo an filí amaitéaracha nó filí proifisiúnta a chum: liú chun Dé atá sna dánta seo agus is ag liú orainne go léir atá siad chomh maith.

Go leor de na filí sa díolaim seo bhí praghas ar a gcloigeann. "Hé, tá file anseo agam ~ cad a thabharfá dhom ar an bhfile seo, huth? Cad is fiú é? $3,000? Á, is fiú níos mó ná sin é!" Daoine á ndíol mar bheithígh, mar chamaill! Cé a cheannódh file?

Samhlaigh Moslamach deabhóideach ~ bíodh sé ciontach nó neamhchiontach i gcomhcheilg nó i bhforéigean ~ agus é ag féachaint ar shaighdiúir Meiriceánach agus an leabhar beannaithe aige, an Qúrán, á chur síos an leithreas aige.

Nach bhfuil sé in am Guantánamo a dhúnadh agus an limistéar léanmhar sin a thabhairt ar ais do Chúba? Sin é is dóigh le Noam Chomsky:

The region was taken by a "treaty" that Cuba was forced to sign under military occupation. The US has been violating the terms of this outrageous treaty for decades.... Current use also radically violates the terms of the outrageous treaty...

(*The Independent on Sunday*, 30 Lúnasa 2008)

Deirtear go bhfuil gaol speisialta ag an tír seo le Meiriceá ~ agus tá. Is beag duine againn nach bhfuil ceangal éigin againn leis an Oileán Úr. Bhí mo sheanathair féin, ar thaobh mo mháthar de, Murty Keane, ag sclábhaíocht thall ar an iarnród tráth den saol. Chaith aintín liom a saol ar fad ina bean rialta in Baltimore. Is beag Éireannach nach bhfuil scéal mar sin le hinsint aige. Ach ní hionann sin is a rá gur geal linn gach aon diabhal ruda atá cruthaithe ag na Stáit Aontaithe, ní hea; ná ní hionann sin is a rá go mbeadh fonn ar gach duine againn céad míle fáilte a chur roimh shaighdiúirí Mheiriceá nuair a a thuirlingíonn siad ar Aerfort na Sionainne chun sos deas a ghlacadh roimh dhóibh eitilt soir chun páirt a ghlacadh i gcogadh mídhleathach.

"Foinse ár gcumhachta friotal an fhile," a deir duine de na géibhinnigh. Cé a shamhlódh a leithéid de chumhacht a bheith ag dán? Ach is buaine ná daoirse, ná ansmacht í an fhilíocht. Ní filíocht in aon chor í mura seasann sí leis an tsaoirse.

An bua a bhaineann leis na dánta seo ná go roinneann na filí a dtromluí linn. Ní tromluí chimí Guantánamao amháin é ach ár dtromluí féin chomh maith agus tromluí do-dhearmadta an chine.

Síth Dé ar shíol Éabha.

Nuair a scarann beirt

Is beag téama atá chomh pianmhar (don fhile agus don léitheoir araon, is dócha) le téama na scarúna. Dánta pianmhara iad dánta Elke Schmitter sa leabhar trítheangach *Ta na clocha ag cur do thuairisce* (Coiscéim 2009). Is dánta deacra iad ar go leor bealaí. Mheabhródh an friotal agus an duairceas ina orlaí tríd Paul Celan duit, an mórfhile a chuir lámh ina bhás féin. Tá streachailt ag baint lena léamh, bhí streachailt ag baint lena gcumadh agus lena n-aistriú. Cén streachailt a bhíonn mín síodúil ceolmhar?

Ní milseáin dheasa atá á dtabhairt amach aici anseo dá léitheoirí ach dánta a bhfuil an domlas, an duairceas agus an dobrón go barra bachall iontu. Nuair a scarann lánúin óna chéile is minic go scarann duine acu lena chiall. I ndán léi deir sí:

> *und große stücke wirklichkeit*
> *trieben ab ins gewölk.*

agus d'imigh míreanna móra den réaltacht leo
isteach sna scamaill.

Nithe ag scarúint óna chéile: an fhírinne, an réaltacht, an áilleacht, an chiall, iad uile ar a dteitheadh. Tá dánta grá agus amhráin ghrá gan áireamh againn sa Ghaeilge, an grá éagmaise agus gach saghas grá faoin spéir ach níl an oiread sin dánta againn faoin scarúint toisc gur feiniméan sóisialta cuibheasach nua is ea an scarúint is an colscaradh. (Sea, bhí colscaradh ann faoi sheanchóras dlí na hÉireann, an féineachas, ach is lenár linn féin a cheadaigh an náisiún nua é, ré an mé-féineachais.) An léiriú é an cliseadh pósta nó an cliseadh caidrimh ar rud éigin a bhaineann le beirt amháin, le lánúin, nó an léiriú é ar rud éigin níos leithne, rud éigin i gcroí na sochaí ina mairimid?

Filí Gaeilge ár linne a d'fhulaing pianta an cholscartha ~ agus tá go leor acu ann ~ b'fhéidir gur theastaigh uathu a n-aghaidh a thabhairt ar shaol úr agus gan a bheith ar maos i mothúcháin na scarúna. Elke Schmitter, áfach, níl sí in ann an caidreamh a bhí aici a chaitheamh i dtraipisí. Bíonn na Gearmánaigh mar sin, bíonn siad an-anailíseach. Cuid dá n-oiliúint agus cuid dá ndúchas é an anailís. Bhíodh m'athairse an-tugtha don anailís. Bhí tamall ann agus bhínn ag cogaint mo chuid ingne. Th'anam 'on diabhal, an t-ábhar anailíse a thugas-sa dó!

Oibseisiúin, sea. Cuimhnigh ar an bhfile Günter Kunert, cuir i gcás agus an machnamh gan staonadh a dheineann sé ar an mbás agus ar an tseanaois sa leabhar *Agallamh an tSeanóra lena Anam* (Coiscéim, 2007). Oibseisiún, gan dabht. D'fhéadfadh an grá a bheith ina oibseisiún, ar ndóigh. (Nach spéisiúil gur féidir "Tá an bás ina leannán aige" a rá ar "He has an obsession with death.")

Deireadh an ghrá an t-oibseisiún a nochtann Elke Schmitter dúinn. Tá rud éigin neamhthrócaireach, cliniciúil nach mór, san fhéinscrúdú a dhéanann Kunert agus Schmitter orthu féin, tréithe atá níos coitianta i bhfilíocht na Gearmáinise ná i bhfilíocht na Gaeilge, mura bhfuil breall orm. (Eisceacht é an Ríordánach ar ndóigh.) Feictear an tréith sin chomh maith i bhfilíocht Gottfried Benn, máinlia a mhair in aimsir na Naitsíoch; chuala m'athair á rá uair amháin gur bhain Benn leas as a pheann mar a bheadh sceanóg ann.

An mbeadh filíocht againn in aon chor murach na hoibseisiúin chéanna? An mbeadh Seán Ó Ríordáin againn? Tá Elke Schmitter faoi léigear aici féin sna dánta féinchiaptha iarscarúna seo: an bhrí atá le hoibseisiún sa chéad áit, ón Laidin *obsidere*, ná "léigear a chur [ar bhaile]".

I ndán le Elke Schmitter is í Penelope í, an bhean chéile a bhí ag Oidiséas agus a d'fhan dílis dó agus é fiche bliain as baile:

ich trinke meinen kaffee wie penelope
geduldig und still, in kleinen schlucken
mittags, bei tchibo
zur stechuhrzeit.

ólaimse caife mar a d'ólfadh penelope é
foighneach is suaimhneach, súimíní
um nóin i dtigh tchibo
am clogáil isteach is amach.

Bhí an t-am ann agus bhí an-chur amach ag filí na Gaeilge ar an domhan clasaiceach. Ní bheadh tuairim faoin spéir ag nócha faoin gcéad de dhaltaí scoile na hÉireann cérbh í Penelope, seachas daltaí Scoil John Scotus i mBaile Átha Cliath a chuireann spéis sa Ghréigis, sa tSanscrait agus sa domhan ársa trí chéile.

Tá rud éigin scanrúil ag baint le "tigh tchibo", dar liom, is é sin nuair a scríobhtar mar sin é sa chás íochtair (nó i litreacha beaga). Tá mar a bheadh díphearsanú déanta ar an áit. Mar eolas: slabhra siopaí caife agus caifí is ea Tchibo a bhfuil mar mhana acu, *"Jede Woche eine neue Welt"* ('Domhan nua gach seachtain').

Is minic nach mbíonn teideal ar bith ar na dánta aici, faoi mar ba rud doráite, do-inste a bhí á chur in iúl aici. An rud

is pianmhaire faoi na dánta scarúna seo is ea nach bhfuil sí
in ann scarúint leis an bhfear. Ba chuid rómhór dá saol é.

wenn du wüßtest
wieviel worte ich noch an dich wende
in gedanken
wieviel gedanken
im wort
wieviel träume
am tag
wieviel tage
im traum
wieviel nacht noch in meinen tagen ist

du gäbest
wie ich
keinen penny auf meine zukunft.

dá mbeadh a fhios agat
méid na bhfocal atá dírithe fós ort
i smaointe
méid na smaointe
i bhfocail
méid na mbrionglóidí
sa lá
méid na laethanta
sa bhrionglóid
méid na hoíche atá fós im laethanta

ní thabharfása
is ní thabharfainnse
pingin ar mo thodhchaí

Cuireann sé as dom i gcónaí nuair a chloisim faoi chliseadh caidrimh nó pósadh éigin nach n-éiríonn leis, pé acu an i measc mo chairde nó i measc lucht aitheantais é. Nó fiú daoine nach bhfuil ar aithne agam. Scar mo thuismitheoirí óna chéile agus tá a fhios agam gur fhulaing mo mháthair go mór dá bharr. D'fhulaingíomar go léir déanta na fírinne ach is iad na mná is mó a bhíonn thíos leis. Caitliceach den seandéanamh ab ea mo mháthairse. Tuigeadh di gur rud náireach a bheadh ann dá scarfadh lánúin phósta óna chéile.

Rud cuibheasach meicniúil is ea an colscaradh in aigne an Ghearmánaigh. Bheadh an tÉireannach i bhfad níos curtha amach mar gheall air, go dtí le déanaí ar aon nós. Ar ndóigh, san India agus i dtíortha eile a bhfuil ardmheas i gcónaí ar luachanna traidisiúnta, d'fhéachfaí ar an bpósadh mar rud buan dobhriste. (San fhealsúnacht is seanda san India, Advaita, deirtear gur tú an uile ní agus dá réir sin gur tú an duine eile chomh maith. Is é is brí leis an bhfocal Advaita ná, "Ní dhá rud atá ann". Nuair nach bhfuil ann ach an *tAon*, conas a scarfá le duine eile, conas a scarfá leat féin? Ní bheadh an colscaradh chomh coitianta is atá dá dtuigfí an fhírinne sin.)

haubitzenweisheit

schau, so macht man es falsch:
liege noch immer im bett
fahnde mit zittrigen fingern nach worten
in meiner liebeskartei

saíocht habhatsair

féach, chomh mór is is féidir dul amú:
fós im luí sa leaba

méara creathánacha ag lorg na bhfocal
i gcárta-innéacs an ghrá

Sea, tá an teideal an-ait. Gunna mór is ea an *howitzer.*
Ach is dócha go bhfuil sí ag iarraidh preab a bhaint as an
léitheoir. Faoi mar a dúirt mé cheana, ní milseáin atá á
dtabhairt amach aici.

menetekel

wo unsere zeit sich gabelt
liegen stunden, vergraben im feld
ich habe sie für dich gesammelt
wir haben sie noch nicht gezählt

an scríbhinn ar an mballa

san áit ina ngabhlaíonn ár gcuid ama
tá uaireanta ina luí, adhlactha i ngort
bhailíos duit iad
níor chomhaireamar fós iad

Ón mBíobla an teideal:
"Is í seo an scríbhinn a scríobhadh: MENÉ, MENÉ,
TECÉL agus PARSÍN. Seo ciall na bhfocal sin: MENÉ:
ríomhaigh Dia laethanta do ríochta agus tá sí tugtha chun
críche aige. TECÉL: Meádh thú sa mheá agus fuarthas
easpa ort..." etc. Is léir gur teideal an-láidir é. Scrúdaíonn
an file an croí atá briste brúite istigh ina cliabh agus téann
go bun an angair ag iarraidh ciall a bhaint as an bhfolús atá
fágtha ann. Cad is brí le do shaol a roinnt le duine eile agus
nuair a imíonn an duine eile sin, cad atá fágtha? "Never give
all the heart," a dúirt an Yeatsach ach cé a leanfadh an
chomhairle sin?

I ndán cáiliúil léi, *kein spaniel*, cuireann sí í féin i gcomparáid le peata gadhair:

> ich bin dein herrenloser hund.
> kein spaniel, viech ohne fell
> die haut entzündet, augen
> klebrig, die ekle zunge
> hechelnd, stumm
> dreibeinig und allein.
> ich habe keine schwelle mehr
> auf der ich warten kann

> is mé do mhadra strae.
> ní haon spáinnéar mé, ainmhí gan chlúmh
> craiceann athlasta,
> sramach, teanga dhéistineach
> ag cneadach, balbh
> tríchosach agus liom féin.
> níl tairseach agam a thuilleadh
> ar a bhfanfainn

Focal scanrúil is ea *herrenlos*. Mar aidiacht ar ghadhar, ciallaíonn sé nach bhfuil máistir nó úinéir ag an ngadhar sin; nó nach féidir an gadhar a aithint, nó gur gadhar tréigthe is ea é. *Herrenlos* atá sí. An chumhacht atá san aon fhocal amháin sin.

I ndán eile, is léir nach bhfuil an teanga féin in ann seasamh suas in aghaidh an ionsaithe, in aghaidh an tráma a tharla di:

> *die sätze der vorzeit*
> *schälen sich tiefer, wort*
> *um wort.*

abairtí an ama atá thart
cailleann a mbrí focal
ar fhocal

Agus tabhair tráma air. An drochíde mhothúchánach a
thugann daoine dá chéile, dá n-aithneofaí ina coir í bheadh
na mílte i bpríosún.

Ghoin an tráma chomh mór sin í nach dtuigeann sí a
thuilleadh conas a éiríonn le lánúineacha eile a bheith lách
lena chéile, grámhar. Rud doshamhlaithe anois di is ea an
sonas, an normáltacht:

aerfort amstardam

nascann an taisteal sinn.
titeann géaga daoine ina bpleist
ar chumhdaigh troscáin liatha
titeann ina dtost, fanann, caitheann toitíní.
cuireann an áise ríméad orainn le scaifeanna
ar dhathanna trédhearcacha na haibreoige is na
      lasairéan,
tíogair, pearóidí, is idir eatarthu
caipín fionnaidh,
casóga leathair oirthear na heorpa tré chéile,
agus an fear uasal meánaosta
a bhíonn ann i gcónaí agus nach dtugann éinne aon
      aird air.

níor dhearóile ná mar is gnách é
do ghuthánsa ag bualadh.

in aice liom leáigh lánúin a dtuirse
ina chéile, is neadacha a chéile iad
agus ní gá an miongháire féin
tá siad chomh teanntásach sin.

á is deacair an míshonas a fhulaingt.
ach is deacra fós é an sonas
a shamhlú.

Cuirimis deireadh leis an stracfhéachaint seo ar shaothar sárchorraitheach Elke Schmitter le dán a bhfuil blas an fhoréigin air. Tá an grá iompaithe ina ghráin dearg. Nochtann sí créachtaí a croí dúinn. Áilleacht an ghrá níl ann anois ach salachar. Bréantas:

du marder meines herzens
solltest sein hirte sein
hast deine zähne eingeschlagen
es bewohnt, darin geschlafen
dich gewärmt. nun
hast du sie verlassen, deine höhle
so leise, wie du kamst
und läßt sie mit unrat
und widmung verwüstet zurück

mártan péine mo chroí thú
in áit a bheith i d'aoire
sháigh tú na fiacla ann
chónaigh ann, chodail ann
dhein tú féin a ghoradh ann. anois
tá do bhrocais tréigthe agat
chomh ciúin le do theacht
is tá seascann fágtha id dhiaidh agat
de chac is de dhílseacht

"Cat crainn" an focal atá ag Focal.ie ar *pine-marten* agus is é sin a bhí agam i dtosach. Ach d'athraíos go "mártan péine" é (focal atá aitheanta ag Foclóir Uí Dhónaill) chun an phian a chur in iúl don léitheoir, nó macalla na péine más i bhfoirm an ghinidigh féin é, nó mar imeartas focail. Ar aon chuma, nach fianaise scanrúil atá sa dán seo ar chruáil an duine? N'fheadar an nglacfadh cúirt ar bith le dán den saghas sin mar fhianaise ar phaiteolaíocht na scarúna? Bheadh sé spéisiúil a fháil amach.

Éist leis an gcruinne

Más spéis leat an timpeallacht agus más dóigh leat gur gá troid ar a son beidh an-suim go deo agat san iris bhreá *Orion Magazine*. Is féidir iar-eagráin de a léamh ar líne. Duine de na scríbhneoirí rialta is deisbhéalaí agus is dúshlánaí ann ná Derrick Jensen.

Fiafraíodh de (eagrán Eanáir/Feabhra 2010) cad is féidir a dhéanamh faoin ngéarchéim éiceolaíochta. Sea, cá dtosnófá! Tar éis dó dul i gcomhairle le pobail dhúchasacha Mheiriceá tháinig Jensen ar an bhfreagra: díchoilíniú. Díchoilíniú ar ár gcroí is ar ár n-intinn.

Fuaimníonn sé go maith ach cad is is brí leis? Is é is brí le díchoilíniú sa chomhthéacs seo, a deir sé, ná tús a chur le próiseas ina mbrisfeá an ceangal atá agat leis an gcaipitleachas tionsclaíoch agus leis an tsibhialtacht i gcoitinne. Gan a bheith dílis dóibh níos mó; tosú ag smaoineamh arís ar an domhan fisiceach. Bheith dílis don domhan sin, do d'fhód dúchais féin.

Earraí só an tsaoil seo ní saor in aisce atá siad. Caithfear íoc go daor astu. Agus tar éis an méid sin go léir a thuiscint, caithfear a admháil nach córas daonlathach an córas atá i bhfeidhm ach plútacratachas corparáideach, nó mar a deir sé féin, "a government by, for, and of corporations".

Is é is brí le díchoilíniú, dar le Jensen, ná teacht ar an tuiscint nach rud maith don phláinéad é méadú ar an olltáirgeacht náisiúnta ná dul chun cinn na teicneolaíochta. An cultúr atá cruthaithe againn is ag marú an phláinéid atá sé. Scun scan. Is é is brí le díchoilíniú ná stop a chur leis an gcultúr sin. An bhfuil tusa chun "STOP!" a rá? An bhfuil éinne againn chun "STOP!" a rá?

Ar ndóigh, níl STOP! á rá ag éinne i nDáil Éireann, an bhfuil? Samhlaigh an Taoiseach ag éirí ina sheasamh sa Dáil agus "Ní mór dúinn an GNP a ísliú" á rá aige. Chuirfí veist ceangail air! (Faraor.) Nach fíor dhom? Caithfidh mé a rá go bhfuil míreanna eolais ag *Orion Magazine* nach bhfeicim in áiteanna eile. Mar shampla, ar chuala tú trácht riamh ar Charles Kettering? Níor chuala? Ná mise. Stiúrthóir General Motors Research ab ea é. Scríobh sé alt sa bhliain 1929 dar teideal *Keep the Consumer Dissatisfied*. Is é a bhí á rá aige nach leor é in aon chor an tomhaltóir agus a chuid riachtanas bunúsach a shásamh. Caithfear riachtanais nua a chruthú dhó. Agus sin díreach an rud a tharla, nach ea? Tá sé ag tarlú i gcónaí. Má tá, tá "STOP!" á rá anois ag daoine ar nós Derrick Jensen. Ní focal deacair é. Abair é. "STOP!"

Deir daoine áirithe leis, "Muna dtaitníonn an cultúr seo leat, cad a chuirfeá ina áit?" Ní chuirfeadh sé aon chultúr ar leith ina áit ach scata acu, na mílte acu, agus iad go léir ag eascairt go horgánach as a ndúiche féin. An-fhreagra! Tar éis an tsaoil, nach mar sin a tháinig cultúir chun cinn an chéad lá riamh sular tugadh faoi aon chultúr amháin a chruthú astu? Go deimhin, is iad leithéidí Jensen na cairde is fearr atá ag mionteangacha an domhain, an Ghaeilge san áireamh, dá dtuigfimis i gceart é. Neartaíonn a chuid argóintí ár *raison d'être* i gcomhthéacs atá dosheachanta dosheánta.

Bíonn Jensen i dteagmháil le pobail dhúchasacha Mheiriceá ar bhonn rialta. Tá cónaí air i measc na dTolowa i dtuaisceart California. Tá na Tolowa ansin le breis is 12,000 bliain. Caithfidh go bhfuil rud nó dhó foghlamtha acu. Deir sé gurb é an difríocht is mó idir an pobal dúchasach agus an chuid eile den phobal ná seo: féachann an pobal dúchasach ar an domhan ~ ar an gcruinne ~ mar orgánach. Rud beo. Caithfear teanga na cruinne a fhoghlaim. An-seans gur teanga nua duit í an teanga ársa sin. Ní fhoghlaimeoidh tú teanga nua, ná teanga ársa, laistigh de sheachtain. Tabhair deis cheart duit féin mar sin. Tógfaidh sé tamall. Bí foighneach. Bí umhal. Bí ag éisteacht.

Deir Jensen gur thaitin sé leis i gcónaí a bheith ag foghlaim. Rud nádúrtha is ea é sin, ar ndóigh. Is breá linn go léir a bheith ag foghlaim. Cuid dár n-éabhlóid is ea an fhoghlaim chéanna. "Ach cén fáth a dtaitníonn an fhoghlaim liom agus nár thaitin an scolaíocht riamh liom?" a deir sé. Ceist mhaith, a dhuine. Is é a dhála sin agamsa, leis, é.

Samhlaím mé féin agus Jensen ar scoil le chéile, in aon rang lena chéile. Flosc chun foghlama orainn beirt. An bheirt againn beagáinín mioscaiseach, b'fhéidir. Ach cén dochar? Caithfidh an óige an teaspach a chur de.

Fonn orainn beirt an Ghaeilge a fhoghlaim. Gan dabht. Bheith in ann í a ionramháil, í a léamh, í a labhairt is í a scríobh. Ní bheidh de thuiscint agat ar Éirinn ach tuiscint an choilínigh in éagmais na Gaeilge. Tuigimid beirt an méid sin go soiléir.

Tar éis cúpla seachtain, áfach, iompaíonn Jensen chugam agus deir sé, "Níl sa téacsleabhar Gaeilge seo ach mar a bheadh spreagadh chun tomhaltais ann! Cé a scríobh in aon chor é? Charles Kettering, ab ea? Féach ar na ceachtanna seo go léir. Féach ar na comhráite ann. Bunaithe ar dhaoine óga agus iad ina dtomhaltóirí atá na ceachtanna seo... éadaí, bia, dlúthdhioscaí etc. á gceannach go tiubh acu. Sin is téacsleabhar Gaeilge ann, ab ea? Ó, a Mhaighdean go deo. Ná cuirimis suas leis an gcacamas seo!"

Tá sé cráite agus seanchráite is léir. "Cá bhfuil flóra is fána na hÉireann," ar seisean liom agus faghairt ina shúil, "cá bhfuil na haibhneacha, na sléibhte? I bhfolús ábharaíoch atá an teanga á múineadh acu! An as a meabhair atá siad? Cá bhfuil na hamhráin, an naomhsheanchas, na logainmneacha, an luibheolas? Agus féach ar na léaráidí atá sa leabhar. Thar a bhfaca tú riamh. Níl iontu ach cartúin. Cá bhfuil an uaisleacht, an daonnacht? Cá bhfuil an áilleacht, an ghrástúlacht? Cá bhfuil Éire? Ní féidir faic a fhoghlaim i gceart in éagmais na háilleachta! Féach, ní daoine in aon chor iad ach cartúin! Tá rud éigin an-mhínádúrtha ar fad ag baint leis an gcúrsa seo, mise á rá leat. Rud éigin fíorghránna. Sátanach! Rud éigin atá as tiúin leis an gcruinne má thuigeann tú leat mé."

"Níl siad ach ach ag iarraidh a bheith suas chun dáta, Derrick," adeirimse, "ipodanna agus rudaí mar sin."

"Tabharfaidh mise ipodanna dóibh," arsa Derrick. Tá an buachaill bocht le ceangal! "Conas a fhoghlaimeoidh ár gcomhdhaltaí teanga bhinn mhilis na nGael as leabhar ina bhfuil an dúchas go léir fásctha as? Conas a fhoghlaimeoidh siad aon ní in aon chor as leabhar nach dteagmhaíonn lena gcroí ná lena n-anam?"

Féachaim idir an dá shúil air. Tuigim nach bhfuil aon leigheas eile ar an scéal. "Derrick, a chomrádaí," arsa mise leis, "tá an ceart ar fad agat. Níl bun ná barr leis an gcéapar seo. Ná ligimis dóibh sinn a thruailliú a thuilleadh. Seo linn, a bhuachaill, bailímis linn agus cónaímis feasta i measc na dTolowa!"

Comhcheilg in aghaidh an chiúnais é an t-ollchultúr

Tá cúpla bliain ann ó scríobh John Zerzan aiste a foilsíodh sa tréimhseachán *Green Anarchy*, aiste a chuaigh go mór i bhfeidhm orm ag an am. D'athléas arís le déanaí í. Téama na haiste ná acmhainn atá ag éirí gann na laethanta seo. Ola ab ea? Uisce? Ní hea, ach ciúnas. Mairimid i ndomhan callánach. Cuir an raidió ar siúl agus cloisfidh tú daoine ag argóint nó ag clamhsán. Gan stad. Agus ansin tiocfaidh na fógraí. Nó rac-cheol. Táimid timpeallaithe ag callán de gach saghas.

Is deas an rud é comhrá a bheith agat le duine a bhfuil dealramh leis, gan dabht, ach chímse daoine agus is cosúil go gcaitheann siad an lá ar fad ar an bhfón póca, é sin nó is ag feitheamh le glaoch atáid. Tá dán leis an manach Trapach, Thomas Merton, a d'aistríos, dán dar teideal *Sa Chiúnas*. (Gheobhaidh tú é sa dara himleabhar den díolaim *Guthanna Beannaithe an Domhain*.) Seo a thús:

> Bí ciúin.
> Éist le clocha an fhalla.
> Bí ciúin, táid ag iarraidh
> d'ainmse
>
> a rá.
> Éist leis na fallaí beo.
>
> Cé thú féin?

Cé
thú? Cé leis
an tost atá ionat?

Is dán an-mhistéireach é. Mar is ceart. Dán riachtanach, dar liom, frithnimh in aghaidh ghalar ár linne. Galar ár linne an callán. Deir John Zerzan gurb é atá sa tsibhialtacht chomhaimseartha ná comhcheilg challánach agus bheinn ag teacht leis sa mhéid sin.

An aigne i gcomhar leis an teanga a chruthaíonn áitiú, argóintí, díospóireachtaí, cúlchaint agus gleo. De dhlúth agus d'inneach an anama é an ciúnas. Comhcheilg in aghaidh an chiúnais caithfidh gur comhcheilg in aghaidh an anama í.

Deir na filí móra agus na saoithe móra go léir linn nach nochtar rún na beatha ach sa chiúnas amháin. Seo mar a labhrann an t-ardfhile Rumi:

> Labhramar faoi choim
> Mise is an saoi.
> Nocht rún an tsaoil dom, ar mé,
> Fuist, ar sé. Lig don chiúnas
> Rún an tsaoil a nochtadh dhuit.
> (as *Guthanna Beannaithe an Domhain, Iml. 2*)

Duine de na saoithe a luann Zerzan ina aiste is ea Thoreau a dúirt gur "tearmann dosháraithe is ea an ciúnas". Níl aon bhaint ag an gciúnas, a deir Zerzan, leis an ollchultúr. Ag seasamh ina aghaidh atá sé. Tá an t-ollchultúr scanraithe roimhe. Cén fáth?

"It's feared by manipulative mass culture, from which it remains apart, a means of resistance precisely because it does not belong to this world."

Tá tábhacht nach beag san abairt sin. Tobar an chiúnais amháin a mhúchfaidh tart na sibhialtachta agus a chuirfidh ar ár gcumas sinn féin a athnuachan. Caithfear an tobar sin a chosaint, go ciúin.

Creideann Zarzen gur andúiligh is ea sinn agus an druga is láidre i measc na ndrugaí atá uainn ná nuacht, eolas, faisnéis, fíricí, bladar, luaidreáin. Diúltú do thaoide an eolais agus súnámí na bhfíricí is ea an ciúnas. Ní hionann sin is a bheith in aghaidh an eolais ach a bheith in aghaidh ró-ualú an eolais, nach eolas ceart in aon chor é a leath de sa chéad áit.

Is maith a thuigeann Zarzen go bhfaigheann an ciúnas drochphreas ar uairibh. Arastatail fiú amháin, mheas sé gurbh é an ciúnas ba chúis le gaofaireacht nó broimneach! Ní bhíonn saoi gan locht. Bhí scata rudaí nach raibh cur amach ag Arastatail orthu, más fíor don tré traidisiúnta atá fós sa chaint: Na trí rudaí a chuaigh de Harry Statal a thuiscint: teacht is imeacht na taoide, saothar na mbeach agus intinn na mban.

Má imíonn na beacha, arsa Einstein, níl ach ceithre bliana fágtha ag an duine. Agus tá na beacha ag éirí gann, a dhuine. An-ghann. Roinnt blianta ó shin d'fhoilsigh *Independent* Shasana tuairisc inar mhaígh eolaithe áirithe gurb é an fón póca ba chúis le slad na mbeach. Tá an radaighníomhaíocht ón bhfón póca ag cur dá dtreo iad. Níl a fhios acu an ag teacht nó ag imeacht atá siad.

Tá beacha freagrach as 40% de tháirgeadh bia an domhain. Ach an bhfuil éinne i nDáil Éireann chun seasamh suas agus a rá, "Cosc ar an bhfón póca!" Seanad Éireann? Dream ar bith? Comhairle Contae Lú? Bantracht na Tuaithe? Conradh na Gaeilge? Nach bhfuil éinne amuigh ansin?

Duine eile a luann Zerzan is ea Annie Dillard, scríbhneoir a thuigeann tábhacht an chiúnais, duine a dúirt: "Ag pointe áirithe deir tú leis na coillte, leis an bhfarraige, leis na sléibhte, leis an domhan, Táim ullamh anois. Stopfaidh mé anois agus beidh mé go hiomlán airdeallach. Déanann tú tú féin a fholmhú, agus fanann tú, is tú ag éisteacht." Is maith liom an chaint sin, caithfidh mé a rá. Duaiseoir Pulitzer í Dillard a d'iompaigh ina Caitliceach agus féachtar inniu uirthi mar mhisteach na héiceolaíochta.

Meabhraíonn Zerzan dúinn go bhfuil an-mheas ar an gciúnas ag pobail dhúchasacha Mheiriceá agus treibheanna eile nach iad, gur comhartha ómóis ina measc is ea an ciúnas. Chuireadh leigheasóirí traidisúnta an-bhéim ar an gciúnas, a deir sé. Ní haon ionadh gur tháinig teicníochtaí ciúnais ar nós Zen agus TM go dtí an tIarthar i lár an chéid seo caite. Is léir go raibh gá leo. Agus tá i gcónaí.

Luann Zerzan Samuel Beckett seo againne sa chomhthéacs seo, ealaíontóir a bhí ag iarraidh "briseadh trí chaille an fhriotail go dtí croí an chiúnais". Is deas mar atá sé curtha aige. Agus meabhraíonn sé dúinn gur arm frithbheartaíochta is ea an tost, "an nóta nach gcloistear roimh éirí amach". Ba é an ciúnas thar aon ní eile a scanraíodh máistrí na sclábhaithe, a deir sé linn.

Arm frithbheartaíochta an-éifeachtach in aghaidh an challáin is ea an haiku. Cuirimis críoch chiúin le machnamh an lae inniu mar sin le dhá haiku, an chéad cheann acu le Ryūshi agus an dara ceann le Santōka:

> ciúnas ~
>   fuaim éin ag siúl
>   ar dhuilleoga scaipthe
>
> sneachta
>   ag titim ar shneachta ~
>   ciúnas

Ár gcaidreamh leis an mBéarla

Striapach allúrach an Bhéarla, a dúirt Seán Ó Ríordáin, file agus colúnaí nótáilte. Is minic scríbhneoirí Béarla agus Gaeilge ar aon ardán na laethanta seo ~ i bhfad níos minice ná, abair, 40 bliain ó shin a déarfainn nuair a bhí saghas *apartheid* cultúrtha i réim. Is dócha go bhfuil cuid den chreidiúint ag dul don Chomhairle Ealaíon as claíocha a leagan. Le linn do Lar Cassidy, beannacht Dé leis, a bheith ina Oifigeach Litríochta, cuireadh polasaí dátheangach chun cinn agus thuig eagraíochtaí ar nós Éigse Éireann/Poetry Ireland (a rabhas féin seal im Chathaoirleach air) go raibh dualgas orthu freastal ar an dá theanga. Aisteach go leor, is chuig *Feasta* agus *Comhar* a sheolann filí Gaeilge a gcuid déantús i gcónaí agus ní líonmhar in aon chor iad na dánta a chuirtear chuig irisí ar nós *Poetry Ireland Review, The Shop, Cyphers* etc. Seans nach maith le scríbhneoirí áirithe an dá theanga a bheith le hais a chéile, seans go bhfuiltear in amhras faoin dátheangachas. Biddy Jenkinson, ní maith léi go n-aistreofaí go Béarla in aon chor í. Ní in Éirinn ach go háirithe. Dheineas féin aistriúchán ar dhán álainn léi don duanaire *A Treasury of Irish Love* ach is thall i Nua-Eabhrac a foilsíodh é sin. Saothar dátheangach is mó a chuireann filí Ghaeilge na hAlban ar fáil. Níl margadh ann níos mó don chnuasach aonteangach.

An bhfuil a fhios ag éinne againn cad a cheapann muintir na Gaeilge agus muintir na Gaeltachta ~ scríbhneoirí agus eile ~ cad a cheapann siad faoin mBéarla? Sea, dearcadh mhuintir na Gaeilge ar an mBéarla. Léifinnse leabhar aistí ar an téama sin dá smaoineodh duine éigin ar é a chur le chéile mar go bhfios dom níl mórán scríofa in aon chor ina thaobh.

An caidreamh seo atá ag scríbhneoirí na Gaeilge leis an mBéarla, ní phléitear ró-oscailte é faoi mar ba chaidreamh scannalach é ar chuma éigin. Bítear leithscéalach seachantach ina thaobh go minic. An bhféadfadh nach láncháilithe mar scríbhneoirí Gaeilge iad in aigne daoine áirithe na scríbhneoirí sin a shamhlaímid leis an dá theanga ... Breandán Ó Beacháin/Brendan Behan, Eoghan Ó Tuairisc/Eugene Watters/Pearse Hutchinson et al? Michael Hartnett agus Micheál Ó hAirtnéide, an ionann iad i ngach slí? Nó an neacha éagsúla iad ~ ar thuigeadar a chéile fiú amháin? An rabhadar mór lena chéile, nó in éad lena chéile nó ag seachaint a chéile? Ar thiteadar amach lena chéile? Dar liom nár mhiste na ceisteanna sin a chur más ceisteanna leathchraiceáilte féin iad.

Bhíodh Gearóid Ó Cuinneagáin ag tiomáint ar fud Bhaile Átha Cliath agus an greamachán *Breast Béarla!* ar fhuinneog an ghluaisteáin aige. Ar shíl daoine áirithe gur focal Béarla ab ea "breast" agus ar chuir sé sin a thuilleadh mearbhaill fós orthu? Creidim féin go raibh an dearcadh ceart ag an bPiarsach ~ go bhfuil cath na Gaeilge le troid trí mheán na Gaeilge agus trí mheán an Bhéarla araon, mar a oireann. Mar sin, ná féachaimis ar an mBéarla mar namhaid damanta ach mar arm den dá arm aigne. Bhuel, is dearcadh amháin é sin. Feicfidh tú, áfach, ag deireadh na haiste seo, go bhfuil cúis mhaith agam chun an argóint sin a bhréagnú agus a fhógairt gur dainséar dúinn go léir é an Béarla, gur measa ná buama núicléach é agus fianaise dhobhréagnaithe agam mar thaca leis an méid sin! Fóill ort...

Tá roinnt scríbhneoirí Béarla againn a chuireann suim sa Ghaeilge, leithéidí Thomas Kinsella. Cuimhnigh ar *The Táin* aige agus *Poems of the Dispossesed*, abair. Ach is dóigh leis an gCinsealach gur tháinig deireadh le traidisiún na Gaeilge. Tá sé fós á rá. Ní chreideann sé gur snáth leanúnach amháin is ea é. San úrscéal *Star of the Sea* le Joseph O'Connor tá iarracht mhaith mhacánta déanta ag an údar chun cúlra Gaelach na hÉireann a léiriú dúinn aimsir an Ghorta. Ach ansan, nuair a chuireann sé focail Ghaeilge i mbéal an leannáin, in áit Máire a thabhairt ar an gcailín, cad deir sé? "Tá grá agam duit, a Mhuire!" Dóthain ráite...

An bhfuil buntáiste éigin ag na scríbhneoirí Gaeilge sin nach bhfuil leagan Gaeilge dá n-ainm agus dá sloinne ín úsáid acu ~ Michael Davitt, Alan Titley, Eithne Strong, Derry O'Sullivan, Declan Kiberd, Rita Kelly, Rody Gorman, Claire Dagger, mé féin etc.? B'fhiú ceist a chur orthu. Is i mBéarla a foilsíodh dírbheathaisnéis Mháire Mhac an tSaoi. Tar éis dom é a léamh, bhí a fhios agam láithreach gur leabhar eile ar fad a bheadh ann dá mba i nGaeilge a scríobhfaí é. Mar is amhlaidh a spreagann smaoineamh amháin i mBéarla smaoineamh eile sa domhan céanna sin. Sin mar a oibríonn an aigne. Ní as an tobar céanna iad an dá theanga. Ní hea chuige. Tá cruthúnas againn air sin. Daoine dátheangacha a mbuaileann stróc iad is minic líofa i dteanga amháin agus stadach nó briotach sa teanga eile iad. Uaireanta imíonn teanga díobh gan tásc i ndiaidh stróc, Dia idir sin agus an anachain.

Tharla go rabhas ag léamh filíochta sa Ghearmáin tamall ó shin agus bhí scríbhneoir ón mBreatain Bheag i mo theannta, duine a scríobhann sa Bhreatnais agus sa Bhéarla chomh maith le scríbhneoirí aonteangacha Béarla ón tír seo. Bhí plé os comhair lucht éisteachta ar an tábhacht a bhaineann le teanga amháin seachas a chéile. Seans maith nach mbeadh aon phlé mar sin ar siúl dá mba in Éirinn a bhí an díospóireacht ar siúl ~ gur ceist is ea í a gcuirtear corc inti ~ ach bíonn saoirse éigin agat agus tú thar lear; ní bhíonn na constaicí céanna ort, braithim, is a bhíonn ag baile nuair is gaire dhúinn macallaí na staire, mar a déarfá. Ar aon nós, bhí duine de na scríbhneoirí Angla-? ~ Éireannacha seo ag maíomh nach ndéanann sé difríocht dá laghad cén teanga a roghnaíonn tú; an rud is tábhachtaí ná an scríbhneoireacht féin. Ar ndóigh, is argóint bhreá liobrálach í sin agus dealramh léi go pointe áirithe. Bheadh fonn ar dhuine réasúnta teacht leis an argóint sin, gan dabht. Ní i gcónaí a bhímse réasúnta, áfach agus ní i gcónaí a ghéillim do thiarnas an réasúin. (Samhlaím ina shuáilce Phrotastúnach é!)

Ní dhéanann sé difríocht dá laghad cén teanga inar scríobhadh an saothar? Éist liomsa anois, a deirimse, agus faghairt aisteach i mo shúil chlé ... mura meánn sé brobh cén teanga a úsáideann tú, cén fáth bacaint le Gaeilge in aon chor? Sea, bhí orm dul i ngleic leis an gcruacheist sin ~ ní raibh aon dul as agam ~ agus thugas faoi ndeara go raibh teannas á chruthú sa halla. "Seafóid, a Ghabriel!" arsa an scríbhneoir Béarla agus mise ag iarraidh stádas nó acmhainn ar leith a bhronnadh ar an nGaeilge ós í is cóngaraí don ghaoth a shéideann isteach ón Atlantach chugainn agus a ghluaiseann os cionn bhánchnoic Éireann ó, arsa mise, agus a insíonn do na scamaill uisce na spéire a ligint anuas ar Theamhair inniu agus ar Mhachaire Méith na Mumhan amárach. Bheifeá bródúil asam! I bhfocail eile, arsa mise, is sa Ghaeilge is friseáilte a bhraithimid anam na tíre, sa Ghaeilge is soiléire a chloistear buille chroí na hÉireann, sa Ghaeilge is binne goltraí agus geantraí agus suantraí na tíre agus mar sin de ... an dá shúil ag léim as mo cheann faoin am seo. Bhíos chun tosnú ansin ar an 200 ainm atá againn ar Éirinn a aithris nuair a thug an file Breatnach cic dom faoin mbord agus thuirlingíos go grod ar *terra firma*. B'fhéidir gur cheap an scríbhneoir Béarla ~ comhghleacaí

liom in Aosdána ~ ní thabharfaidh mé leid ar bith eile ~
b'fhéidir gur cheap sí go rabhas ábhairín as mo mheabhair
mar is iontach go deo é fórsa an réasúin stuama i mbéal an
Bhéarlóra, go háirithe más Protastúnach í, i gcead do chách.
"Seafóid, a Ghabriel!" ar sise, i mBéarla nár Bhéarla
Chiarraí é.

Admhaím go raibh an chaint a thugas pas beag fileata, ar
imeall an mhisteachais fiú amháin ach níl aon leigheas
agamsa air sin. Is file misteach mé ~ níl aon bhreith eile
agam ar an bhfírinne ná ar an áilleacht ná ar an tuiscint atá
agam do mhíorúiltí na beatha, míorúiltí na teanga.

Agus an mbím féin i dtuilleamaí an Bhéarla? Bíonn, go
deimhin. Cén fáth nach mbeinn? Tá m'ainm curtha agam le
scata leabhar Béarla ach is corrach an caidreamh atá agam
leis, caithfidh mé a rá agus ní chuirfinn mo bhundún amach
chun a cháil a leathadh. Sa chéad áit, tá an Béarla chomh
comónta sin! (Comónta: *common, vulgar...* An Duinnín-
each.) Agus sa dara háit? Bheimis anseo go maidin.
Caithfear aird a thabhairt ar an méid a deir Alexei
Kondratiev sa leabhar *The Apple Branch, A Path to Celtic
Ritual* (The Collins Press, Corcaigh, 1998). Deir sé go bhfuil
cumhacht an Stáit á laghdú ag fórsaí dorcha, gnólachtaí
ilnáisúnta ar cuma sa riach leo cad a imeoidh ar theangacha
mionlaigh: "the future may well fall into the hands of a few
men with no spiritrual or moral ideals higher than the short-
term acquisition of money, and unable to value the Land
they live on, or the human and other creatures they share
the world with, except as instruments towards that end."
Más fíor dó, is é an Béarla an namhaid mar sin, namhaid
an chine. Dia féin, tá sé glan in aghaidh impiriúlachas an
Bhéarla de réir an tSean-Tiomna:

Féach, arsa an Tiarna, aon mhuintir amháin iad le
haon teanga amháin acu go léir. Níl sa mhéid seo ach

tús na mbeart a dhéanfaidh siad; níl aon ní dá bhfuil acu á bheartú nach bhféadfaidh siad a chur i gcrích.

Téanam, téimis síos agus déanaimis cíor thuathail dá dteanga ...

Ní mise a dúrt. Sin é briathar Dé.

Cuairt a thugas
ar ionad dumpála le déanaí

Thugas cuairt le déanaí ar ionad dumpála. Bhí a áit féin ann ag gach aon ní a bhí á dhumpáil ag daoine, ábhar orgánach ón ngairdín, ina measc féar, fiailí, leath-phéisteanna, seilidí; earraí leictreacha nach raibh leictreachas ar bith fágtha iontu, éadaí, bróga, leabhair (ní raibh aon leabhar Gaeilge ina measc) agus mar sin de.

Bhí áit ar leith ann do mhonalóga. Cad sa diabhal é seo, arsa mise liom féin. Bhí oibrí ina sheasamh ansin agus é ag éisteacht leis na faoileáin agus leis na préacháin. Is iad a bhí glórach. D'fhiafraíos de cad a bhí ann. "Ó," ar seisean, "tá áit ar leith anois againn le haghaidh na monalóg. Tá a fhios agat. Daoine a bhíonn ag caint leo féin, nó le Dia. Fágann siad a gcuid monalóg anseo." D'fhéachas isteach sa scipe mór buí. Lán de mhonalóga a bhí sé.

Rugas ar chuid de na monalóga ach go háirithe agus thosnaíos á léamh. Níos truamhéalaí ná a chéile a bhíodar. Seo ceann acu. Níor athraigh mé focal ann. Mheasas go raibh sé an-ait. Déarfainn go n-aontófá liom:

"A Thiarna, níor bhris mé aon aithne de na deich n-aithne a thug tú dúinn fadó fadó, ach mura mbrisfidh mé an deichiú haithne go luath tá an baol ann go mbrisfidh mé na haitheanta go léir ~ agus aitheanta eile nach iad. Tuigeann tú cén fáth, a Thiarna."

An deichiú haithne: ná santaigh cuid do chomharsan. Níor shantaíos cuid mo chomharsan riamh. Riamh! Shantóinn, b'fhéidir, dá mbeadh a fhios agam cad a bhí aige arbh fhiú a shantú má thuigeann Tú leat mé, ach níor lig sé riamh thar tairseach mé. Riamh. Is duine rúnda é, mar is eol Duit. Chun na fírinne a rá, nílim cinnte an aithneoinn é féin ná a bhean dá mbuailfinn leo ar an tsráid. Ach cloisim é. Cloisim an lomaire faiche aige. Ar an tSabóid. An tSabóid, a Thiarna! Agus cloiseann Tusa leis é.

Ní hé go santaím an diabhal lomaire faiche sin aige dáiríre. Ní shantaím... mar sin féin... Nílim ag iarraidh é a ghoid uaidh ná aon ní mar sin. Aithne eile a bheadh ansin, ní foláir. Ná déan goid. Nach ea? Ní dheanfaidh, a Thiarna, ní dhéanfaidh.

Ag iarraidh é a fháil ar iasacht uaidh atáim ~ mar is eol Duit, a Thiarna ~ mar is eol Duitse gach aon ní... ar iasacht, más é sin an focal atá uaim. Ní thabharfaidh sé dom é, ar ndóigh. Rómhaith is eol dúinn beirt an méid sin. Cén fáth a dtabharfadh? Nach bhfuil mo lomaire faiche féin agam. Tá. Is níl locht air. Locht ar bith. Deinim amach go bhfuil sé níos fearr ná lomaire mo chomharsan. I bhfad níos fearr. Ach scéal eile é sin.

Tá sé níos ciúine mar lomaire, is féidir an méid sin a rá. Agus ní chuirim ag obair ar an tSabóid é! Huth! Beag an baol! Cén fáth a bhfuil lomaire mo chomharsan uaim mar sin? An fhírinne lom? Mar go dtosaíonn sé ag lomadh ar a hocht a chlog ar maidin, maidin Dé Domhnaigh. An Domhnach, a Thiarna, Do lá-sa. Nuair a ghlac Tú Do scíth. An é go roghnaíonn sé an lá sin chun Tú a mhaslú? Santaím an lomaire sin aige, a Thiarna, santaím, ach ní ar mhaithe liom féin. Ar mhaithe Leatsa!

Dúisíonn na héin mé lena gcantaireacht chráite agus bíonn deacracht agam dul ar ais a chodladh. Ansin ~ i gcead Duit ~ buaileann cloig an tséipéil. Bím ag únfairt sa leaba. Ansin, díreach nuair a bhraithim go bhfuilim chun néal a chodladh, siúd mo dhuine i mbun lomtha. Agus tosaíonn a ghadhar ag tafann! Bhuf-bhuf!

Ní hé go bhfuil an lomaire á shantú agam dom féin, a Thiarna. Tuigeann Tú é sin. Níl aon ghá agamsa leis. Chuirfinn i bhfolach áit éigin é. Ar feadh an tsamhraidh. In áit éigin sábháilte. Agus Tusa ag faire air, a Thiarna.

Bhíos chun é a ghearán leis na Gardaí ach táim cinnte go mbeadh sé sin in aghaidh aithne éigin d'aitheanta Dé, nach mbeadh? An t-aonú aithne déag, tabhair aire dhuit féin. An gcualaís riamh é sin? Tá orm aire a thabhairt dom féin anois, a Thiarna. Tuigeann Tú nach inniu ná inné a thosnaigh an céapar seo. Tá sé seo ag dul ar aghaidh le cúpla bliain anuas. Tá deireadh na foighne sroiste agam, a Thiarna. Táim i ndeireadh na preibe. Bím mar a bhí Iób fadó, Iób a chuir mallacht ar lá a bhreithe.

An cuimhin Leat eisean? Iób? Scrios ar an lá a rugadh mé, a dúirt sé, agus ar an oíche a dúirt "Gineadh mac." Gura dorchadas an lá sin! Nár chuire Dia in Airde aon spéis ann! Nár lonraí solas air, a dúirt sé.

Is eol Duitse nár bhriseas aon aithne de na Deich nAithne, a Thiarna, ach is cinnte go mbrisfidh mé iad go léir mura bhfaighim faoiseamh éigin go luath. Brisfidh cinnte.

Conas a chomáinfeadh lomaire mé chun marú a dhéanamh, nó drúis, a deir Tú? Ó dhéanfadh, a Thiarna, dhéanfadh, mar táim leath as mo mheabhair ag an lomaire céanna agus má bhuaileann babhta den lánghealtachas mé nach cinnte nach é lomaire mo chomharsan amháin a bheadh uaim ach a bhean chomh maith, go sábhála Dia sinn!

Seol chugainn Do ghrásta, a Thiarna, mar is mé atá ina ghátar. Seol chugainn do ghrásta maidin Dé Domhnaigh, timpeall a hocht a chlog más féidir. Seol chugainn Do ghrásta ina bhlosc troimpéad ainglí a mhúchfaidh glór an lomaire sin. Lomaire as íochtar Ifrinn. Seol chugainn Do ghrásta mar bhalsam ar mo chroí i dtreo is nach smaoineoinn níos mó ar an lomaire béal dorais, gan trácht ar an mbean bhéal dorais. Santaím Do ghrásta, a Thiarna. Hmmm. N'fheadar cén saghas í? A Thiarna, an bhfeiceann Tú? An bhfeiceann Tú, a Thiarna? Is ag smaoineamh ar an mbean bhéal dorais atáim anois. Nach ndúirt mé, nach ndúirt mé Leat mura réiteofar fadhb an lomaire go bhfuil an baol mór ann go mbrisfinn na haitheanta go léir, ina gceann is ina gceann. An í Ízeibil í? Hmm... Cad dúirt an fáidh? "Íosfaidh na madraí feoil Ízeibil i gcríocha Izréil!" An bhfuilim ag iompú im mhadra? Bhuf-bhuf!

An amhlaidh nach é lomaire faiche mo chomharsan atá á shantú agam in aon chor ach a mhadra? An é sin é? A Mhaighdean! An ag cur dallamullóg orm féin a bhíos an t-am ar fad? Dallamullóg! Cad eile. Is í Suzi a shantaím. Bhuf-bhuf! Suzi atá uaim. An púdal! Ise atá ag teacht idir mé is codladh na hoíche. Bhuf! Bhuf-bhuf!

Tar i gcabhair orm, a Thiarna. Tar i gcabhair orm go luath. Suzi, táim im Iób agat. Iób. Iób. Iób. Cén fáth nár cailleadh mé sa bhroinn, a dúirt sé. Sin é a dúirt sé. Iób.

Bhuel, níl ansin ach sampla amháin de na monalóga atá ag carnadh ar a chéile san ionad dumpála ar thugas cuairt air le déanaí.

Achoimre ar phuth anála

Haiku a scríobh Ryōkan ar leaba a bháis:

taispeánann siad a gcúl
a dtosach ansin
duilleoga mailpe ag titim

Cad is féidir a rá i dtaobh an haiku sin? Conas é a mhíniú? Níl i haiku ar bith ach fad anála agus conas a mhíneofá é sin, nó cén achoimre a thabharfá ar phuth anála? Mar sin féin, ba mhaith liom an méid seo a rá ina thaobh, bíodh an ceart agam nó ná bíodh. Feictear domsa gur ag féachaint amach agus ag féachaint isteach atá Ryōkan agus go bhfuil saghas féinphortráide againn anseo uaidh, más go fochomhfhiosach féin é, féinphortráid nó *apologia pro vita sua,* más ceadmhach dom focail an Chairdinéil Newman a úsáid:

taispeánann siad a gcúl
a dtosach ansin
duilleoga mailpe ag titim

Tá an file ag titim; tá an bás chuige. Dála na nduilleog mailpe, níl aon ní le ceilt aige. Tá sé mar atá sé, mar a chruthaigh Dia é. Caithfimid glacadh leis mar atá sé. Nár ghlac seisean le gach aon ní a seoladh chuige?

má thiteann báisteach
ón spéir i gcéin, titeadh!
má shéideann gaoth, séideadh!

Duine saonta amach is amach ab ea Ryōkan. Bhí sé lá agus folach bíog á imirt aige le scata leanaí. Chuardaíodar thall is abhus agus nuair nár thánadar air chuadar abhaile. An mhaidin dár gcionn tháinig feirmeoir air sa ghort agus é ag fanacht go foighneach go n-aimseofaí é. B'in an saghas é. Duine le Dia, a déarfadh a lán.

Manach Zen ab ea Ryōkan Taigu (1758 -1831). Amadán an chroí mhóir is brí lena ainm. Comhluadar leanaí agus comhluadar an dúlra is mó a thaithíodh sé. Tugann sé ár ndúshlán arís is arís eile sna nithe a dheineann sé agus sna nithe a scríobhann sé. Ní éireoinn tuirseach go deo de:

Cé a deir gur dánta iad mo chuid dánta?
Ní dánta iad mo chuid dánta.
Nuair a thuigfidh tú nach dánta iad mo chuid dánta
Sin an uair a thosnóimid ag caint ar an bhfiliocht.

Is línte buile iad ar shlí, línte a mheabhródh na hOsréalaithe dhuit. An haiku is cáiliúla leis, insíonn sé a lán faoin té a chum:

d'fhág an gadaí
ina dhiaidh í ~
an ghealach san fhuinneog

Má tá greann ina pheann ní greann gan ghaois é. Go deimhin, duine iomlán ab ea Ryōkan, duine a léirigh speictream leathan mothúchán daonna ina chuid filíochta. Dán an-chorraitheach is ea an dán álainn ómóis seo dá oide marbh:

Do M'oide

Sean-uaigh i bhfolach ag bun cnoic thréigthe,
fiaile uaibhreach nach nglantar ó bhliain go a chéile,
níl éinne fágtha chun freastal ar an tuama,
is ní ghabhann thar bráid ach corr-ghearrthóir crann.
Bhíos im dhalta aige tráth, im strapaire mothallach,
d'fhoghlaimíos a lán uaidh taobh leis an Abhainn Chaol.
Maidin amháin bhailíos liom ar m'aistear aonair,
d'imigh na blianta, ciúnas fada eadrainn.
Táim tagtha ar ais is faighim anseo ina luí é.
Conas is ceart onóir a thabhairt dá anam dílis?
Doirtim uisce íonghlan ar a leac uaighe
is cuirim paidir chiúin lena anam.
Imíonn an ghrian go tobann laistiar den chnoc
is slogtar mé ag búir na gaoithe sna crainn ghiúise.
Deinim iarracht mé féin a tharraingt ón áit ach teipeann
    orm;
Fliuchann tuile deor mo mhuinchille.

Aon uair dá léimse an dán sin, agus léim go han-mhinic é,
braithim gur im sheasamh cois tuama an oide úd atáim. Tá
an bua sin ag Ryōkan ina chuid dánta agus ina chuid haiku.
Braithim go bhfuilim ina fhochair, ina láthair. Braithim an-
chóngarach ar fad dó. Caithfidh go bhfuil rud éigin comónta
eadrainn mar sin, pé rud é féin. Is maith liom an bheannai-
theacht sin nach beannaitheacht phiúratánach í. Is maith
liom an t-ómós ach níl locht agam ar easpa ómóis ach an
oiread. I bhfocail eile, is maith liom an duine iomlán, an
duine fásta a bhfuil an leanbh fós ann, an duine atá in ann
deora a shileadh, pé acu an deora áthais, deora bróin nó
deora suilt iad.

Cúis gháire ó Dhia chugainn, a deirtear. Na saoithe a
thuigeann an saol, is minic nach léir dóibh cad is ceart a
dhéanamh, gol nó gáire. Thuig na Gréagaigh é sin: fealsamh

an ghoil a thugtar ar Heraclitus, fealsamh an gháire a thugtar ar Democritus. Más taibhreamh é an saol, meafar ag lucht Zen is ea bheith i do dhúiseacht. Is aoibhinn liom an haiku seo le Ryōkan:

> meallann guth an fhiliméala
> as taibhreamh mé –
> lonraíonn an mhaidin

Tabhair faoi deara gur san aimsir láithreach a bhíonn an haiku de ghnáth, faoi mar nach féidir breith ar an bhfírinne leis an aimsir chaite, ná leis an aimsire fháistineach.

Meabhraíonn an dán faoi oide Ryōkan dúinn nach bhfuil sa tsaol ach toit agus ceo. Speisialtóirí ama iad lucht Zen. Tá siad in ann breith ar an soicind. Dán eile a mheabhraíonn imeacht an ama dúinn is ea an dán *Feabhra* aige:

> Ag meascadh leis an ngaoth
> titeann an sneachta;
> ag meascadh leis an sneachta
> séideann an ghaoth.
> Sínim mo dhá spág
> os comhair na tine
> is mé díomhaoin
> istigh im bhothán.
> Comhairim na laethanta
> is faighim amach go bhfuil mí Feabhra, leis,
> tagtha is imithe
> ar nós brionglóide.

Tá an bothán inar mhair sé fós ann. Nach coscrach an cur síos atá againn air:

Bothán

Im sheanbhothán trí sheomra
d'éiríos aosta, caite amach.
Fuacht seo an gheimhridh
sé is measa dar fhulaingíos riamh.
Praiseach thanaí á hol agam ina súimíní
ag fanacht go mbeadh an oíche reo thart.
An bhfeicfidh mé an t-earrach?
Nílim in ann déirc a lorg.
Conas a chuirfidh mé díom an fuacht?
Ní haon chabhair an rinnfheitheamh níos mó.
Níl faic le déanamh ach dánta a chumadh
i gcuimhne ar chairde nach bhfuil ann níos mó.

An fear bocht. Nár bhreá leat dá mbeadh bean aige a
thabharfadh aire dó. Fan, níl scéal Ryōkan thart go fóill, ná
baol air! I dtreo dheireadh a shaoil agus é seachtó bliain
d'aois cad déarfá ná gur casadh bean rialta óg air, Teishin,
a bhí ocht mbliana is fiche d'aois. Thiteadar i ngrá.
Scríobhadar dánta grá dá chéile, dánta gleoite ina bhfuil
Zen agus paisean fite ina chéile mar bláthfhleasc chumhra
ann. Bhí Teishin lena thaobh nuair a shíothlaigh sé.

Arsa Teishin:
An ortsa
a leag mé súil dáiríre
nó an é nach bhfuil
sa ríméad seo a bhraithim
ach taibhreamh?

Arsa Ryōkan ar ais léi:
I ndomhan seo na dtaibhreamh
bímid ag míogarnach
is ag caint ar thaibhrimh ~

bí ag taibhreamh,
bí ag taibhreamh leat
an oiread agus is mian leat.

Beinidicteach Briotánach
ar bheannaigh an India é

M anach Beinidicteach a rugadh ar an 30 Lúnasa, 1910, i Saint Briac na Briotáine ab ea Henri le Saux ach is faoin ainm Abhishiktananda atá aithne air san India. Conas? Ar thiontaigh sé, ar deineadh Hiondúch de? Níor thiontaigh ná an diabhal é. Bhí an tAifreann á rá aige go dtí deireadh a shaoil.

Go deimhin, caithfidh gurb eisean an chéad duine riamh a léigh Aifreann ag foinse na Gainséise, ionad oilithreachta ag Hiondúigh. Caitliceach dílis ab ea é mar sin ach d'aimsigh sé rud éigin san India, go háirithe i bpluaiseanna na ndíthreabhach a mhaisíonn sliabh na naomh, Arunachala. An é gur aimsigh sé é féin?

Níorbh é an chéad Bheinidicteach é a ghlac ainm Hiondúch chuige féin. Tugtar Swami Dayananda inniu ar an Athair Bede Griffiths, misteach.

Bhí Henri le Saux báite ar fad san fhealsúnacht neamhdhéach ar a dtugtar Advaita. Bhunagh sé *ashram* chun traidisiúin spioradálta an Iarthair agus an Oirthir a nascadh lena chéile. Is cuí go gceiliúrfaí a shaol is a shaothar.

Sa bhliain 1929 ba leabharlannaí é leis na Beinidictigh in Kergonan ar chósta thiar na Briotáine. Chuaigh scríbhinní Luath-Aithreacha na hEaglaise i bhfeidhm go mór air agus is cinnte gur chabhraigh an lón anama sin leis ar feadh a shaoil.

Is in Kergonan a bheadh sé go dtí 1948 nuair a thug sé aghaidh ar an India tar éis dó a bheith i gcomhfhreagras le diagaire cráifeach, Jules Monchanin (1895-1957), a bhí ina mhisinéir ann. Mar réamhullmhúchán, d'fhoghlaim sé Sanscrait, Tamailis agus Béarla.

Tar éis dó an India a bhaint amach mhol Easpag Trichi dó féin agus do Jules Monchanin oilithreacht a dhéanamh go hArunachala agus radharc a fháil ar an saoi mór ann, Sri Ramana Maharshi, máistir Advaita. Móreachtra ina shaol ab ea é sin, ar ndóigh. Ba gheall le bualadh le duine de Luath-Aithreacha na hEaglaise é, is dócha! Cé nár oscail an saoi a bhéal, bhraith Henri go raibh anam na hIndia tar éis dul go grinneall a anama féin. Osclaíodh aibhéis mhór ann nach líonfadh aon ní saolta í.

Ní heol dúnn go beacht an méid a d'fhulaing sé agus sraitheanna dá chúlra cultúrtha á gcailliúint aige – sraitheanna Giúdacha, Gréagacha agus Rómhánacha dá chreideamh san áireamh – ach is eol dúinn gur ghlac sé le Críost mar ghúrú.

An rud is mó a tharla san fhichiú haois, dar le Arnold Toynbee, ná gur tháinig spioradáltacht an Iarthair agus an Oirthir le chéile agus má aontaíonn staraithe amach anseo leis an tuairim sin, luafar ainm Henri le Saux i measc cheannródaithe na gluaiseachta sin, sagart seanfhaiseanta arbh iascairí iad a mhuintir roimhe.

Chuaigh le Saux go croí an scéil. Ní tuiscint na léitheoireachta agus an staidéir amháin a bhí aige don mhistéir mhór is Advaita ann. Bhí eolas aige ar Advaita ina chroí istigh: "Príomhthasc an duine ná dul isteach ann féin chun é féin a aimsiú," a dúirt sé. "An té nár tháinig air féin istigh ann féin níl Dia aimsithe go fóill aige; agus an té nach bhfuil Dia aimsithe aige ann féin níl sé féin aimsithe aige ach an oiread—" Sliocht as na hUpainiseadaí, ba dhóigh leat!

Scrioptúir ársa iad na hUpainiseadaí. Idir ocht gcéad bliain agus ceithre chéad bliain roimh Chríost a breacadh a bhformhór acu síos sa tSanscrait. "Is déithe sibh," a deirtear sna Sailm agus sin é an teachtaireacht ollmhór atá ag na hÚpainiseadaí dúinn. Léigh Schopenhauer aistriúchán Laidine ar na hÚpainiseadaí agus is é dúirt sé fúthu: *"Sie ist der Trost meines Lebens gewesen und wird der meines Sterbens sein"* ('Is iad sólás mo shaoil iad agus sólás mo bháis a bheidh iontu'). Ba é an scéal céanna ag Henri le Saux é.

Cad a chonaic Schopenhauer sna scrioptúir ársa sin, cad d'aithin sé iontu? Cad a chonaic Henri le Saux iontu? An fhírinne, ar ndóigh, cad eile. Músclaíonn na hÚpainiseadaí tart chun na fírinne agus chun na háilleachta ionainn.

Thuig Henri le Saux agus Bede Griffiths go raibh meafair sna hÚpainiseadaí a fhaightear i dtaifeadtaí na misteach go léir ó gach traidisiún, mar shampla nuair a thagraíonn Naomh Eoin na Croise don cheol gan ghlór, nó Naomh Treasa nuair a labhrann sí ar uisce ag titim ó neamh isteach in abhainn agus nach féidir an t-uisce ó neamh a scaradh ó uisce na habhann, nó nuair a théann sruthán beag isteach san fharraige. Seo blaiseadh beag de na hÚpainiseadaí mar sin don té nár bhlais díobh go dtí seo:

"I dtosach báire ní raibh ann ach an Bheith, an tAon gan a mhacasamhail as a dtáinig an cosmas is chuaigh Sé isteach i ngach aon ní ann. Is Uaidh a thagann gach a bhfuil ann. Is É an Féin istigh i ngach ní É. Is É an fhírinne É; is É an Ard-Bheith É. Tusa É sin, a Shevetaketú; tusa É sin. Faoi mar a ritheann aibhneacha soir is siar, á mbá san fharraige ionas gurb ionann iad; dearúdann siad go mba aibhneacha aonair iad, sa tslí chéanna cailleann gach neach a leith-leachas, nuair a bháitear sa deireadh iad san Ard-Bheith. Is Uaidh a thagann gach a bhfuil ann. Is É an Féin istigh i ngach ní É. Is É an fhírinne É; is É an Ard-Bheith É. Tusa É sin, a Shevetaketú; tusa É sin..."

Conas a d'fháiltigh manach Caitliceach roimh an diagacht aduain sin? Bhí a mhachnamh déanta cheana aige ar iomann cáiliúil Naomh Gréagóir Nazianzus, an

t-iomann chun Dé, Dia gan ainm, agus bhí cur amach aige ar an "Via Negativa" mar sin bheadh sé in ann a bheith ina dhroichead idir an Chríostaíocht agus an Hiondúchas. Theastaigh uaidh a bheith ina dhroichead.

Chuaigh Bede Griffiths i gceannas ar an *ashram* a bhunaigh Henri, rud a thug deis dár gcara níos mó ama a chaitheamh sna Himiléithe, an t-aon Chríostaí i measc na ndíthreabhach ann. Ar an 14 Iúil 1973 bhuail taom croí é agus sna míonna a bhí fágtha ar an saol seo aige deirtear gur shroich sé buaic na spioradáltachta ar fad.

I bpluaiseanna na hIndia d'aimsigh sé pluais a chroí féin agus i gciúnas na pluaise sin fuair sé amach go raibh cónaí ar Mhac Dé ann. Déarfá leat féin, cad a thug ar mhanach Briotánach cúl a thabhairt lena thír dhúchais ~ ní fheicfeadh sé an Bhriotáin go deo arís ~ agus Aifreann a cheiliúradh ag foinse na Gainséise? Níl a fhios agam. Cad a thug orm féin dul go foinse na Gainséise? (Bhuel, theastaigh óm bhean dul ann. Agus an mhiúil a rabhas ag marcaíocht uirthi ag an am, bhí fonn millteach uirthi siúd foinse na Gainséise a bhlaiseadh chomh maith.)

Ach, dáiríre, cén fáth a bhfuil an aiste bheag seo á scríobh agamsa faoin bhfathach spioradálta sin, Henri le Saux? Níl a fhios agam beo. Má tá ceangal idir na nithe seo go léir ba chríonna an té a déarfadh cén ceangal é. Déarfadh lucht Advaita go bhfuil ceangal idir gach aon ní: Aon dobhriste is ea an uile ní. Caithfidh mé glacadh leis sin.

Struga, cuimhneoidh mé go brách ort!

Struga, cuimhneoidh mé go brách ort ~ ach ar eagla na heagla breacfaidh mé síos roinnt cuimhní geala anseo. Thug an eagraíocht mhóraigeanta Cultúr Éireann praghas an ticéid dom agus thuirlingíos mar a bheadh eala ionam ar rúidbhealach Aerfort Alastair Mhóir, i Scóipé (Skopje) na Macadóine. Déarfadh cinicí nach mór an fhorbairt a tháinig ar an áit ó aimsir Alastair. (Tá cuid agaibh ró-óg chun cuimhne a bheith agaibh ar chrith talún Scóipé, 1963, a scrios 80% den chathair.)

Gnó nó pléisiúr, arsa fear na bpasanna. Filíocht, a deirimse. Brúitear scata filí isteach i mionveain agus as go brách linn. Feicim reilig seanghluaisteán lasmuigh den aerfort, na gluaisteáin tachta ag deannach an tsamhraidh. Táimid go léir inár sairdíní istigh sa veain ar ár slí go baile cois locha le haghaidh Féile na dTráthnónta Filíochta in Struga.

Leabhar nótaí ag an bhfile Cumannach Francis Combes, ón bhFrainc, agus rud éigin rúnda á bhreacadh síos aige. An saothar is déanaí ón ngníomhaíoch seo ná stair réabhlóidí i bhfoirm véarsaíochta. Sin smaoineamh anois dár bhfilí féin sa bhaile. Nach bhfuil ár ndóthain réabhlóidí againn is gan cur síos ceart fileata orthu go fóill.

Lár Lúnasa. Sléibhte. Cocaí féir. Feochadáin. Arbhar. Leanaí nochta, Giofóga is dócha, nó Roma mar is cóir a rá. Tugtar a gceart do na Roma sa Mhacadóin. Tá dhá chainéal theilifíse dá gcuid féin acu! Cuimhnigh ar a leithéid d'áis a bheith ag an Lucht Taistil seo againne. Má thaitníonn ceol na Roma leat, féach ar YouTube nó dhó leis an Macadónach Esma Redzepova.

An chéad rud a thugaim faoi deara ar an mbóthar fada go Struga ná easpa séipéal. Miontúir na Moslamach ag síneadh chun na spéire. Tar éis uair an chloig nó mar sin, radharc ar shéipéil. Sléibhte gach áit, níos airde ná mosc ar bith, ná séipéal ar bith, níos cóngaraí do Dhia, leis, is dócha. Sa deireadh, Struga. Loch ag glioscarnach. Na sléibhte ann á bhfuarú féin tar éis bhrothall an lae. Gabhann fear thar bráid ar a rothar, mealbhacán uisce faoina ascaill aige.

Buailim le file ón Úcráin, Ilya Kaminsky. Cur amach aige ar Paul Durcan, Rita Ann Higgins, Moya Cannon agus scata eile. Duine d'eagarthóirí *Poetry International* é, iris bhliantúil ó San Diego State University i gCalifornia. Is beag cur amach atá aige ar fhilíocht na Gaeilge. Conas a bheadh? Níl bolscaireacht idirnáisiúnta ar siúl againn ná ag éinne eile thar ár gceann ar bhonn seasta leanúnach. Faighim leabhar filíochta uaidh, *Dancing in Odessa*. Aithnítear go bhfuil instealladh nua á thabhairt aige don Bhéarla, éacht ó eachtrannach a bhí bodhar ó aois a ceathair.

An chéad mhír ar an gclár ná dul go Páirc na hÉigse agus crann a chur. Is é craobh-fhile na bliana seo Lyubomir Levchev, ón mBulgáir, a chuirfidh an crann. Go leor leor searmanas. Bláthanna le leagan os comhair theach na nDeartháireacha Miladinov, bailitheoirí béaloidis. Manglaim le hól i dteannta an Mhéara, lámha na mban á bpógadh, feolta á gcogaint. Níl an file Éigipteach Ahmed Al-Shahawy ag ithe ~ e ar céalacan Ramadan go ham luí na gréine.

Buailim lem sheanchara, Nikola Madzirov, ógfhile Macadónach, ar chuireas leaganacha dá dhánta breátha ar fáil i nGaeilge i mbliana, *Rúnimirce an Anama* (Coiscéim). Tá 100 éigin file meallta chun na hócáide seo, eachtrannaigh a leath acu. Na Bulgáirigh ar a sáimhín só; níl difríocht an-mhór idir an Bhulgáiris agus an Mhacadóinis. Nuair a thagann grianghrafadóir chucu, athraíonn a ndreach Bulgáireach, díríonn siad iad féin go stuama agus féachann ar an gceamara; ba dhóigh leat go raibh fiche cogadh feicthe acu.

T'ga za jug ainm an fhíona a óltar anseo, líne filíochta le Konstantin Miladinov (1830-62) a chiallaíonn "Santaím an Deisceart". I Moscó a chum sé an dán. I bpríosún in Iostanbúl a cailleadh é. Á... saol na bhfilí! An searmanas oscailte, bratacha ar foluain, tuilsoilse, maighdeana ag iompar tóirsí. Muintir an bhaile go léir amuigh, an spéir ghlé lasta ag tinte ealaíne. Rud mór is ea an fhilíocht i mbaile beag Struga agus beidh leathchéad bliain á cheiliúradh acu an bhliain seo chugainn.

Seimineár mar gheall ar na meáin chumarsáide agus an fhilíocht. Mo chaintse bunaithe ar shliocht as an nóibhille *Rasselas, Prince of Abyssinia*, le Samuel Johnson, an foclóirí:

"He [*an file*] must... content himself with the slow progress of his name, condemn the praise of his own time, and commit his claims to the justice of posterity..."

Labhair Johanna Featherstone mar gheall ar fheiniméan Astrálach ar a dtugtar Pigeon Poetry. Seanmhodh cumarsáide is ea an colúr, ar ndóigh. Is é is Pigeon Poetry ann ná dánta a cheangal de chosa na gcolúr is iad a chur ag rásaíocht ansin. Baineann gné an chearrbhachais leis an obair chomh maith: is féidir airgead a chur síos ar do rogha colúirín fileata.

Thug file as na Scigirí (Oileáin Fharó) píosa cainte uaidh ach bhí smuga lena shrón agus bhí gach éinne ag féachaint ar an smuga, ar eagla go dtifeadh sé, agus níor thugas éirim a chuid cainte rómhaith liom. Ach labhair mé leis tar éis an tseimineáir nuair a bhí a shrón glanta aige. Agnar Artúvertin is ainm dó. Ainm breá. Bíonn ainmneacha breátha ar fhilí áirithe. San iris THE SHOp (Uimh. 33) tá dán le file darb ainm Ahimsa T Bodhrán, dán a chorraigh mé.

Ach fillimis ar Agnar Artúvertin. Chruthaigh leabhar dá chuid, *Filleann Iáivé*, scannal ar na hoileáin. Tá siad saghas coimeádach ansin ó thaobh chúrsaí creidimh de, ar seisean liom. D'inis sé dom faoi leabhar eile dá chuid inar ionsaigh sé na polaiteoirí sin atá ar son an naisc leis an Danmhairg. Níor cheannaigh éinne an leabhar. Éinne in aon chor? Cheannaigh m'aintín cóip, ar seisean. Chuaigh mo chroí amach dó.

Thug an tÍoslannach Sigurdur Pálsson an-chaint uaidh ar an Idirlíon agus an fhilíocht. Níl aon lár ag an Idirlíon, a deir sé. Níl ceanncheathrú aige. Mura bhfuil lár ann níl forimeall ann ach an oiread. Níl an Íoslainn ar an imeall a thuilleadh, ná an Mhacadóin. Go hiontach!

Mheabhraigh sé dúinn go raibh an fhís sin ag file as Martinique, Edouard Glissant (é ar ghearrliosta don Duais Nobel sa bhliain 1992). Coincheap an oileánra a mhol Glissant dúinn. Ná smaoinigh ar ilchríocha móra ach ar oileáin bheaga, oileáin ag féachaint i ngach treo ar oileáin eile.

Cabhraíonn an fhilíocht linn, arsa Pálsson, chun an fhís sin a bheith againn. Conas? Deir sé go bhfuil cumhachtaí de gach saghas ann, cumhachtaí airgeadais, cumhachtaí idé-eolaíochta, cumhachtaí polaitiúla atá ag iarraidh sainmhíniú aontoiseach ar fhocail a chur abhaile orainn. Ach cothaíonn an fhilíocht sochaí iltoiseach, a deir sé. Cuireann an fhilíocht i gcoinne mhí-úsáid teanga. Tá ábhar machnaimh ansin.

Caitheann Íoslannaigh tréimhsí fada thar lear agus nuair a fhilleann siad tugann siad scileanna nua abhaile leo, sa litríocht, sa drámaíocht, sa cheol agus mar sin de, rud a fhágann Réicivíc ina chathair idirnáisiúnta. I gcás Sigurdur Pálsson, thug seisean aghaidh ar Pháras na Fraince. Deir sé nuair a thug sé faoi Jacques Prévert a aistriú go hÍoslainnis is ea a thuig sé an ealaín a bhí laistiar d'éascaíocht stíle an fhile sin, rud nach raibh acadúlaithe na Fraince sásta a admháil go dtí le déanaí.

Casadh file óg Macadónach orm a raibh Bobby Sands mar laoch aige agus thaispeáin sé tatú dhom a bhí greanta ar fhad na láimhe aige i nGaeilge. Níor theastaigh uaim a rá leis go raibh botúin ghramadaí ann; bheadh sé róphianmhar é a cheartú.

Struga, cuimhneoidh mé go brách ort!

Léargas beag ar an ngrá Fritziúil

Rugadh Walter Helmut Fritz sa bhliain 1929 in Karlsruhe na Gearmáine agus dhein staidéar in Heidelberg ar an litríocht, ar an bhfealsúnacht agus ar nuatheangacha. Chaith sé tamall ina oide sular luigh isteach ar an scríbhneoireacht go lánaimseartha. Úrscéalta agus aistí scríofa aige. Aistritheoir nótáilte, leis, é agus i measc na scríbhneoirí atá aistrithe go Gearmáinis aige tá Alain Bosquet, Jean Follain, Philippe Jaccottet, René Menard agus Claude Vigée. Mórán duaiseanna bronnta air, ina measc an Georg-Trakl Preis. File grá den scoth é Fritz, im thuairimse. Faightear séimhe neamhchoitianta ina chuid dánta grá. Nuair a bheireann sé ar mhóimintí éalaitheacha neamhbhuana is minic an cur síos aige orthu ~ agus ar an dúlra is an timpeallacht ~ ina cheiliúradh spioradálta ar an gcaidreamh a bhíonn idir fear agus bean.

Mionghluaiseacht
do láimhe,
mionfhánaíocht
do láimhe
trí aer an tsamhraidh

os cionn an bhoird seo,
agus gloine sú líomóide agat
á hól
is tú ag cabaireacht

is ag breathnú ar an maidin,
tine shéimh
ar foluain.

Is ionann an teideal agus an chéad líne. Is amhlaidh a
bhrisfeadh teideal aontacht an dáin, go seasfadh sé
lasmuigh de. Aon ghluaiseacht orgánach amháin atá sa dán,
d'fhéadfá a rá. Bíodh is go bhfuil go leor ag tarlú sa dán,
tarlaíonn gach aon rud mar aonad líofa leochaileach
leanúnach amháin agus beireann Fritz ar an sruth síodúil sin
go seoigh, dar liom.

Déarfadh daoine áirithe gur tuairisc rómhaol atá faighte
againn uaidh agus nach bhfuil tábhacht ar bith leis mar dhán
ach bheadh dul amú orthu. Tá "kleine Wanderung"/
"mionfhánaíocht" míorúilteach ar fad mar chur síos ar lámh
na mná: tá beirthe ag Fritz ar mhóimint atá chomh
héalaitheach sin nach dtabharfadh mórán daoine eile faoi
deara in aon chor í. Cúram na filíochta – agus cúram an
ghrá – gach aon ní a thabhairt faoi deara. An ealaín nach
bhfuil airdeallach comhfhiosach is ag plé le taibhrimh agus
ciméara atá sí.

Féach mar a ghluaiseann an dán ón ngloine sú liomóide
go dtí an ghrian, ón talamh go dtí an spéir (mar a tharlaíonn
go minic i haiku, abair); agus an mbraitheann tú séimhe an
dáin? Faightear an nóta séimh sin tríd síos sna dánta grá
aige. Tá misneach aige mar ní téamaí faiseanta iad an
tséimhe ná an sonas i nualitríocht an Iarthair.

Sa chéad dán eile tá an ghile in uachtar arís, mar a bheadh
pictiúr de chuid na nImpriseanaithe ann. Is minic a rith sé
liom go mbeadh dánta de shaghas eile againn i gcorpas na
nuafhilíochta Gaeilge dá mbeadh tionchar níos mó ag na
dearcealaíona orainn ach sin scéal eile.

Coiscéimeann solais
ar an slí.

Mall, gasta,
tá ina shamhradh.

An uair chomh nocht
le púróg.

Feicim ag teacht thú,
do chuid éadaigh ag lonrú.

Líne an-simplí ar fad is ea *"dein Kleid leuchtet"* ('do chuid éadaigh ag lonrú'). Tá filí áirithe ann agus scanraíonn an tsimplíocht an t-anam astu. Is dóigh leo nach bhféadfadh filíocht ná ealaín a bheith ann in éagmais na castachta; caithfidh an saothar a bheith saothraithe, a deir siad, nó foclach, tathagach. Breall atá orthu. Ní haon bhuntáiste é a bheith foclach. Agus d'fhéadfadh easpa tathaig a bheith chomh tábhachtach nó níos tábhachtaí ná an tathag féin. Ba cheart dóibh foghlaim conas "do chuid éadaigh ag lonrú" a scríobh. (Ar ndóigh, ní chothaíonn an tsimplíocht tionscal na dtráchtas ollscoile!)

Tá sé deacair, fíordheacair, stíl shimplí a chleachtadh má tá drochnósanna foghlamtha agat agus má tá na droch-nósanna sin molta ag níos mó ná criticeoir "údarásach" amháin. Más rud éigin "trom" atá uait cuimhnigh nach bhfuil aon ní faoin spéir níos troime ná an folús. Dúirt an Máistir Yogiraj dá gcrapfaí an domhan ina mhirlín agus meáchan ollmhór an domhain ann i gcónaí agus ansin é a chur ar an meá is an folús a chur ar an dtaobh eile de, dúirt sé go mbeadh an folús i bhfad Éireann níos troime ná é. Ní chuirfeadh eolaí ar bith ina choinne, ar ndóigh. Na móimintí

éalaitheacha seo a mbíonn Walter Helmut Fritz sa tóir orthu
cad is ea iad ach an folús.

Ní hé go bhfuil bandia déanta aige dá ghrá geal sa chéad
dán eile ach féach nach féidir í a dheighilt mar sin féin ó
shíorchruthú an domhain:

> An mhaidin á fógairt féin
> os comhair na fuinneoige
> le cliotar chosa na gcolúr,
> ach scaipeann do lámha
> an chéad solas.
> Tagann teas sa lá
> trí d'anáil
> agus filleann an samhradh as an nua
> ar do cholainn.

Ceann de na móimintí éalaitheacha a fhaighimid sa dán
thuas ná anáil na mná. An bhfuil aon rud chomh héalai-
theach leis an anáil? An bhfuil aon rud chomh bunúsach léi,
chomh comónta eadrainn go léir? Maith dhom é má luaim
an Máistir Yogiraj arís. Deir seisean gur rud chomh
bunúsach is ea an anáil go ndéanaimid dearmad uirthi nó
go ndéanaimid talamh slán di, faoi mar a ghlacann an
leanbh lena mháthair gan chuimhne. Ach meabhraíonn sé
dúinn cé chomh tábhachtach is atá an anáil nuair a luann
sé *Geineasas,* fíorthosach an tSean-Tiomna:

> Fásach folamh ab ea an talamh agus bhí dorchadas
> ar aghaidh an duibheagáin, agus bhí gaoth Dé ag
> séideadh os cionn na n-uiscí...

I bhfocail eile, i dtosach báire bhí an anáil ann.
Eiliminteach, a Watson dhil.

Dán thar a bheith simplí is ea an chéad dán eile ach má osclaíonn tú do chroí is d'anam dó feicfidh tú an fhairsinge ann:

> Is tú an tigh
> ina gcónaím.
>
> Is tú an chathair
> ina mairim.
>
> Is tú an tír
> a siúlaim tríthi.
>
> Tigh, cathair, tír.

Dá mbeadh sé foclach bheadh an dán loite aige. Conas a dhéanfá níos casta, ní níos simpli é? Liric fhoirfe is ea í mar a sheasann sí agus i gcomhthéacs na ndánta eile aige ina bhfuil an ghné fhisiceach agus an ghné mheitifisiciúil dá fhís ag teacht le chéile go feillbhinn.

Tá súil agam go bhfuil léargas beag éigin tugtha agam daoibh ar an rud a dtugaimse an grá Fritziúil air.

Ar mhaith leat a bheith fiáin arís?

Tá daoine ar fud an domhain, cuid acu atá as a meabhair glan, seans, cuid eile acu ar smaointeoirí móra iad, dar liom, agus tá rud amháin comónta eatarthu, pé acu an filí, buachaillí bó nó intleachtóirí iad agus is é sin ná go dteastaíonn uathu a bheith fiáin arís. Cén rud go díreach é an t-athfhiántas seo? An rud maith é? Bíodh sé maith nó olc, creideann daoine áirithe go bhfuil sé dosheachanta faoin tráth seo, tá sé tosaithe cheana agus más maith is mithid.

Bhuel, is gá a rá i dtosach báire nach aon jóc é seo in aon chor ach a mhalairt. An dream a chuir tús leis an ngluaiseacht seo agus atá á leathadh ar dalladh is dream an-dáiríre ar fad iad. Tá ainmneacha éagsúla ar an ngluaiseacht seo agus ceann de na hainmneacha Béarla atá air ná *Rewilding*. Is an-ainm é, dar liom. Ar nós *rewinding*, ach an clog á chur siar sa chás seo. Caithfear an clog a chur siar dar le fáithe an athfhiántais. Táimid go léir éirithe róbhog ar fad, a deir siad agus tá ré na teicneolaíochta tar éis dínádúrú a dhéanamh orainn go léir. Admhaigh é, braitheann tú beagáinín mínádúrtha, nach mbraitheann?

Is geall le peataí tí sinn. Nach mór an náire dúinn é! Conas a tharla sé in aon chor gur éiríomar chomh neamhfhiáin sin? Nuair a bhí crainn á ndreapadh agam fadó, nuair a théinn i bhfolach áit éigin agus mo phiostal uisce réidh agam im ghlac, ar shíleas go deo nach mbeadh de thoradh ar an laochas sin go léir ach go n-iompóinn im pheata tí?

Ní thar oíche a tharla sé seo dúinn, dar le lucht an athfhiántais. Próiseas fada ab ea é a mhair na mílte bliain.

An toradh atá air ná go bhfuilimid scartha uainn féin agus scartha ón domhan ina mairimid. Táimid scartha ónár n-instinní. Briste. Táimid ar fad inár nOisín i ndiaidh na Féinne:

> Ag seilg dúinn ar maidin cheo
> In imeallbhorda Locha Léin,
> Mar a raibh crainn chumhra ba mhilse bláth
> Is ceol gach tráth go binn ag éin ~
>
> Dúisíodh linn an eilit mhaol
> Ab fhearr léim, rith agus lúth;
> Bhí ár gcona is ár ngadhair go léir
> Go dlúth ina dhéidh faoi lánsiúl ...

Ní ligfí dóibh dul in aice Loch Léin inniu! Chuirfí fíneáil orthu nó chaithfí i bpríosún iad, gach mac máthar acu, nach bhfuil an ceart agam? Agus maidir le Diarmaid na mBan. Bheadh na nuachtáin lathaí sa tóir air ó mhaidin go hoíche (go háirithe istoíche), an fear bocht. Ní bheadh suaimhneas ag éinne acu!

Maíonn lucht an athfhiántais nach bhfuil na scileanna againn a thuilleadh chun saol inmharthana a chaitheamh. Táimid ag brath ar arm mór daoine, an dochtúir, an poitigéir, an pluiméir, an siúinéir, an síceolaí, an leictreoir... Ba liosta le háireamh iad. Nílimid in ann faic a dhéanamh sinn féin. Agus táimse níos measa ná éinne ón dtaobh sin de.

Tá páistí in Éirinn nach dtuigeann gur amach as tóin circe a thagann ubh. Bheadh tuairim éigin acu dá mbeadh amhráin Ghaeilge á múineadh dóibh: "ubh chirce is blúirín ime air is é a thabhairt don seanduine". Ach in áit amhráin Ghaeilge a mhúineadh dóibh, teanga a cheanglódh le tír, talamh is treibh iad, tá na tionsclaithe ag rá nach gá ach mata, ceimic is fisic a mhúineadh do dhaltaí na hÉireann agus go dtiocfaimid as an sáinn ina bhfuilimid luath nó mall. Go dtachta an diabhal iad.

Dá dtarlódh matalang mór amárach an mbeimis in ann dídean a sholáthar dúinn féin, an mbeimis in ann bia agus deoch a sholáthar? An aithneoimis cad iad na plandaí atá amuigh ansin a nimheodh nó a leigheasfadh sinn?

Dá mbeadh orainn tosú as an nua ~ agus is dóigh le lucht an athfhiántais go bhfuil seans an-mhaith ann gurb é sin atá i ndán dúinn, tosú as an nua ar fad ~ an ndéanfaimis na botúin chéanna arís, an mbeimis in ann maireachtáil lena chéile ar bhonn cothrom síochánta, nó an dtiocfadh aicmí ceannais chun tosaigh arís, an mbeadh na coimhlintí céanna inár measc is a bhí le cúpla míle bliain anuas?

Deir lucht an athfhiántais má tá sibhialtacht nua chun teacht chun cinn go gcaithfidh deireadh a theacht leis an tsibhialtacht mar is eol dúinn faoi láthair í. Tá na comharthaí sóirt feicthe againn go bhfuil athruithe i ndán don domhan, athruithe móra nár shamhlaigh éinne fiú deich mbliana ó shin.

Tá taobh spioradálta ag baint leis seo go léir chomh maith mar a chaithfidh a bheith agus duine de na daoine a bhí ag caint ar na hathruithe móra sin atá tosaithe cheana féin is ea Jeddah Mali. Bhíos ag féachaint uirthi an oíche cheana ar Conscious TV agus ba dheacair aon ní a bhí á rá aici a shéanadh ná a bhréagnú, dar liomsa. (Ní raibh a fhios agat a leithéid de chainéal agus Conscious TV a bheith ann? Tá a leithéid ann go deimhin agus is maith ann é ambaiste.) Déarfainn gur fianaise ar na hathruithe a bhfuilim ag tagairt dóibh is ea leithéid Conscious TV a bheith ann sa chéad áit.

Chun filleadh ar an athfhiántas. Má bhímid go léir inár bpeataí tí, go bhfóire Dia orainn, ní bheadh éinne in ann teacht slán agus an cine daonna a bhuanú dá dtarlódh ollmhatalang éigin, ní bheadh éinne in ann caidreamh eolach a bheith aige le ríocht na bplandaí is na n-ainmhithe, scileanna a bhí ar eolas ag ár sinsir romhainn sular cruthaíodh an tsochaí shibhialaithe mar is maith linn a thabhairt uirthi. Mar a deir John Moore in aiste bhreá atá ar an idirlíon aige, *A Primitivist Primer*, is é atá sa tsibhialtacht anois ná meigeamheaisín nó Leiviatan atá éirithe rómhór le rialú. Braithim go bhfuil fírinne san anailís sin agus braithim go mbraitheann go leor daoine an fhírinne sin ina gcroí istigh.

Deir sé go bhfuil go leor grúpaí amuigh ansin a cháineann gnéithe áirithe den tsibhialtacht. Tá ar ndóigh. Lucht an athfhiántais ní in aghaidh gnéithe áirithe den tsibhialtacht atá siad, is in aghaidh na sibhialtachta féin atá siad scon scan! Meabhraíonn Moore dúinn go bhfuil radacaigh ann, go háirithe ar an eite chlé, agus teastaíonn uathu an tsibhialtacht mar atá sí a threascairt agus rud eile a chur ina háit. Murab ionann agus na radacaigh sin, ní cumhacht atá ó lucht an athfhiántais ~ ag iarraidh deireadh a chur le cumhacht atá siad. Difríocht an-mhór.

D'fhanas in óstán i gCorcaigh le déanaí. Líonas amach ceistneoir. An raibh aon ghearán agam? Bhí. An bhean (nach nochtfadh a haghaidh go deo!) san ardaitheoir agus na hurláir á bhfógairt aici. Chuala tú í, tá mé cinnte. Tá sí gach áit. Léan uirthi! Cá bhfuaireadar in aon chor í? An bean in aon chor í nó deamhan? A leithéid de ghuth tiarnúil. Mheabhródh sí Maggie Thatcher duit. Dheineas mo ghearán mar gheall ar an nguth gránna sin. Is cuid den chultúr neamhphearsanta neamhdhaonna é an guth sin, feiniméan a bhfuil lucht an athfhiántais ag cur ina choinne go tréan agus an ceart ar fad acu.

Níor sáraíodh riamh an seanfhocal ach le seanfhocal eile

Níor sáraíodh riamh an seanfhocal ach le seanfhocal eile. Agus is seanfhocal breá é sin! An múintear seanfhocail a thuilleadh? Ba cheart go múinfí seanfhocal in aghaidh an lae don aos óg. Ní hamháin go mbeadh cur amach níos fearr acu ar struchtúr is ar dhúchas na teanga dá bharr, bheadh cúpla ceacht foghlamtha acu chomh maith, ceachtanna a d'fhéadfadh cabhrú leo sna laethanta agus sna blianta guagacha atá romhainn.

Chuimhníos arís ar sheanfhocail le déanaí nuair a fuaireas *Seanfhocla Chonnacht* le Tomás S. Ó Máille mar bhronntanas, eagrán nua a chóirigh Donla uí Bhraonáin do Cois Life (€30). Gabhann dlúthdhiosca leis agus is féidir seanfhocail a bhaineann le téamaí áirithe a léamh ar do shuaimhneas ar an scáileán más mian leat. Abraimis an focal "cruatan", focal atá i mbéal daoine arís, faraor, agus ní gan chúis. Tá breis agus leathchéad seanfhocal a chuireann síos ar an gcruatan. Ní hé an saghas céanna cruatain é go díreach an cruatan a bhí fadó ann agus cruatan an lae inniu ach cruatan is ea cruatan gach áit ar fud an domhain. Mar shampla, "An obair is cruaidhe amuigh ~ ag gearradh féir le corrán". Agus munar léir duit an bhrí atá leis sin, tugtar míniú dúinn, "Mar bíonn tú ag tuinseamh na talún le do dhorna". (Ní rithfeadh sé sin leis an té nár láimhseáil corrán riamh.)

Nach duairc é an pictiúr a thugtar dúinn sa chéad cheann eile:

Fataí boga, beaga, fliucha
Bruite ar uisce is uisce leo
Céalacan fada agus díobháil bróg
A ghníos seanduine den duine óg.

I bhfad uainn fataí beaga fliucha...
Tá gontacht an haiku sa chéad cheann eile agus cuirtear
an duine bocht inár láthair ar bhealach an-phictiúrtha:

Fear an chladaigh i lár an earraigh
Ag bailiú feamainne deirge is é fliuch salach.

An créatúr bocht. Ar nós an haiku, tá fear cumtha an
tseanfhocail sin ag seasamh siar agus ag féachaint ar an
bhfeiniméan atá os a chomhair go fuarchúiseach. Níl aon ní
maoithneach ag baint leis ach is cinnte go bhfuil atrua agus
bráithreachas mar bhonn leis mar sin féin.

Is maith liom na seanfhocail chasta sa leabhar seo ach is
deacair an seanfhocal lom simplí a shárú: "Fear gan bróga,
fear gan sólás". Sé fhocal, sin uile, ach insíonn siad an
t-uafás ar fad. Thabharfainn an leabhar seo d'ábhar scríbh-
neora ar bith chun a léiriú di/dó go mbíonn blas ar an
mbeagán.

Rud a chuirfeadh iontas ort an tslí ina raibh daoine in ann
cur suas leis an gcruatan. (An raibh aon rogha acu?) "Is fearr
an deatach ná gaoth an tseaca". I bhfocail eile, dá olcas í
drochthine nach fearr i bhfad í ná a bheith reoite ag an
bhfuacht. Bhí creideamh an-láidir ag an seandream, ar
ndóigh; go deimhin, bhí rud acu atá chomh tábhachtach le
creideamh lá ar bith, is é sin acmhainn grinn: "Is fearr
marcaíocht ar ghabhar ná coisíocht dá fheabhas!" Nár
bhreá leat bualadh leis an té ar tháinig an seanfhocal sin
óna bhéal an chéad lá riamh.

An bhfuil tú in ann cur suas lena thuilleadh cur síos ar an gcruatan? Má tá, ar aghaidh linn. Caithfimid a bheith cúramach, ar ndóigh, nach n-iompóimid inár n-andúiligh; tá an-chuid scéalta chailleach an uafáis á gcloisteáil againn le blianta anuas. Cad a dhéanfaimid dá gceal nuair a thiocfaidh feabhas ar chúrsaí arís? Ar aon nós, féach cé chomh fuarchúiseach is atá an seanfhocal a leanas: "Beatha an asail, bata agus bóthar". Na fíricí loma, sin uile, ach ba mhaith liom a shamhlú mar sin féin go raibh atrua éigin i gcroí an té a chum. I gCill Chiaráin a chualathas an seanfhocal áirithe sin. An mbeadh sé ag an nglúin óg? Ní bhacann siad le hasail a thuilleadh is dócha. An raibh leigheas ar an gcruatan? Bhí!

Téirigh ar aimsir ag ligean do scíth
Nó pós, agus éirigh as imní an tsaoil.

Mo threighid is mo thubaiste, tugann na nótaí le fios gur ag magadh a bhí an té a chum! Tá go maith mar sin, fágaimis an cruatan inár ndiaidh agus tugaimis aghaidh ar an dóchas. Arís, breis is leathchéad seanfhocal anseo a chuireann síos ar an dóchas. "An té a bhíos i bhfad á thuar, faigheann sé é sa deireadh". An fíor? Chreid George Bernard Shaw ina leithéid ach chuir sé aguisín leis, caithfidh tú a bheith fadsaolach go leor chun an rud atá á thuar agat a fháil sa deireadh!

Anois, cad déarfá leis an gceann seo: "Coinnigh do chuid bróin go dtí an lá amáireach, is bí suáilceach inniu!" Is maith liom é. Meabhraíonn sé Ummon dom, an té a dúirt, "Lá maith is ea gach aon lá." Ceann de na rudaí is deise a dúradh riamh is ea é sin, dar liom. Níorbh as Ros Muc do mo dhuine Ummon. Cérbh é? Máistir Zen ón Ríora T'ang sa tSín. B'ait an mac é. Déanta na fírinne tá rud éigin Zenúil i seanfhocail na Gaeilge, ina loime, ina ngontacht agus ina bhfírinne uilíoch: "Is geall le scéal maith, gan drochscéal." Níor chuala mé riamh an ceann sin ach is breá lem chroí é. Ba cheart go mbeadh sé ar bharr ár ngoib níos minice againn. Tá leagan eile de agus is geall le *koan* nó nath Zen é, "Is maith an scéal gan aon scéal." Níl a fhios agam cé acu leagan is deise liom. Iad araon, arsa an banbh maith (nuair a tugadh rogha dó).

Má thiteann tú éirigh arís, sin an teachtaireacht atá ag na seanfhocail dúinn: "Is minic a leag cac bó fear mór maith". Is minic go deimhin! Bhain an ceann seo gáire beag asam: "Ní bheidh sé ag báisteach i gcónaí". Tá súil agam nach mbeidh ar m'anam. Cad dúirt Aodh Mór Ó Neill? "Beidh lá geal gréine go fóill in Éirinn." Áiméan.

Is seanfhocail idirnáisiúnta iad go leor leor de sheanfhocail na hÉireann agus cló Gaelach orthu. Chuas sa tóir ar a thuilleadh seanfhocal a bhain le téama seo an dóchais agus roinnfidh mé libh anois cuid de na seoda ar tháinig mé orthu. Ar a laghad ní dócha go ndéanfaidh siad dochar do léitheoir ar bith agus seans go bhfuil splanc dóchais ag teastáil ó dhuine éigin áit éigin inniu. "An té a bhfuil a shláinte aige tá dóchas aige agus an té a bhfuil dóchas aige tá gach aon rud aige" (Seanfhocal Arabach). Anois duit!

Bíonn go leor seanfhocal saghas rúndiamhair. É seo, abair: "Ubh is ea an dóchas: faigheann duine amháin an buíocán, an dara duine an gealacán is an tríú duine an sliogán" (Seanfhocal Danmhargach).

Nach bhfuil sé seo mistéireach chomh maith? "Taibhreamh an anama atá ina dhúiseacht é an dóchas" (Seanfhocal Francach). Is dóigh liom go léiríonn sé sin an cumas atá ag an bhFrancach chun smaointe teibí a láimhseáil, tréith nár léirigh an Gael chomh mór sin, agus ní le seanbhlas a deirimse é sin, ar ndóigh. Ach cá bhfios cá bhfuair na

Francaigh é? Seans maith go raibh sé ag Harry Statal rompu.

Léiríonn an chéad cheann eile an dul chun cinn atá sa Ghearmánach! "An eascann is lú amuigh bíonn súil aici a bheith ina míol mór". Agus nach fileata atá sé seo: "I dtír an dóchais ní bhíonn sé riamh ina gheimhreadh" (Seanfhocal Rúiseach). Go deas. Fágfaimid an focal scoir ag duine gan ainm: "Ná bain dóchas riamh d'éinne ~ b'fhéidir nach bhfuil aon ní eile aige".

An file a bhí mar inspioráid
ag Al-Qaeda

Níl a fhios agam an raibh a theanga ina phluc aige nó nach raibh ach is cosúil nach mbeadh ról ar bith ag an bhfile sa stát idéalach a shamhlaigh Platón. An tslí is fearr chun caitheamh le file ná é a dhíbirt, dar leis.

Thug Cultúr Éireann praghas ticéid dom chun freastal ar Fhéile Filíochta Kritya in Nagpur na hIndia sa bhliain 2011 agus bhuaileas le roinnt filí bochta a bhí díbeartha nó féindíbeartha, ina measc Mahmood Karimi Hakak arbh as an Iaráin dó ó thús. Ina Ollamh i Nua-Eabhrac atá sé anois ach is cuimhin leis nuair a bhain sé amach an tOileán Úr is gan aige chun a bheirt iníonacha a bheathú ach leathúll an duine.

Bhuaileas le file eile a raibh seanaithne agam air, Ahmad al-Shahawy, Éigipteach, a bhfuil *fatwa* amuigh air! Agus bhuaileas le file (nach raibh ar an gclár ach a raibh a shaothar á dháileadh ar chách aige) agus Dalit is ea é, duine den aos seachanta. Sunil Abhiman Awachar is ainm dó. Sa teanga áitiúil Maratais is mó a bhí seisean ag scríobh. Fear ard dathúil, a shúile ag glioscarnach le háthas ~ ach an fhilíocht aige lán de ghoimh, ní nach ionadh, agus é imeallaithe de dheasca a aicme. Iompaíonn na mílte Dalit ón Hiondúchas go Búdachas, agus go dtí an Chríostaíocht fiú, creidimh nach n-aithníonn ceast ná sainaicme ar bith ach tá an fód á sheasamh ag Sunil agus súil aige le lá breá gréine dó féin agus dá aicme amach anseo. Go n-éirí leis! Tar éis an tsaoil, súdaire agus gréasaí bróg ab ea an file Ravidas,

sainaicme an-íseal, agus nach bhfuil teampall tógtha inniu
dó i gcathair bheannaithe Varanasi. Déarfadh daoine áirithe go bhfuil an iomarca filí againn.
Cén mhaith iad? An cuimhin libh Droim Ceatt? Fógraíodh
ag an am go raibh i bhfad an iomarca filí sa tír. Nuair a bhí
TG4 (nó T na G ag an am) á bhunú, scríobh Gael mór le rá
(mór le rá ina shúile féin ar aon chuma), scríobh sé chuig na
húdaráis chuí: "Ná bíodh baint ná páirt ag filí leis!" ar sé.
Sin í an fhírinne. File a dúirt liom é.

Casadh filí breátha orm in Nagpur (imleacán na hIndia,
ceartlár na tíre dar leis na Briotanaigh nuair a bhíodar i
gceannas) agus dá mbeadh aithne ag Colm Cille nó ag
Platón orthu ní ag smaoineamh ar a líon a laghdú ná iad a
sheoladh thar loch amach a bheidís. Casadh filí móra orm
(dar leo féin agus dar leis an bpobal), daoine ar nós Shri
Ashok Vajpeyi agus casadh neamhfhilí orm nach luafaidh
mé in aon chor. Tá a fhios acu cé hiad féin, nó b'fhéidir
nach bhfuil; seans nach mbeidh a fhios acu go deo go dtí
go gcaillfear iad agus cad é an t-iontas a bheidh orthu ansin
nuair a chloisfidh siad nach bhfuil plaic bheag á greanadh
ina n-onóir.

Bhí an-chomhrá agam le Dileep Jhaveri, fear breá léannta
atá in ann braon fuisce a chaitheamh siar agus a chaith fiche
bliain ina thost mar fhile; labhras le hIndiaigh eile a bhí ag
scríobh ina dteanga dhúchais féin, Cannadais agus
Gúisearáitis cuir i gcás. Cheannaíos leabhar sa tsraith
Penguin Classics (na hIndia) agus fuaireas síniú an
aistritheora, H. S. Shivaprakash. Ainm an leabhair *I Keep
Vigil of Rudra, The Vachanas:*

> Seo mé, farantóir gan cholainn
> go dtí an abhainn mhór leathan.
> Má íocann tú an praghas ~

d'aigne
a bheireann ar nithe is a scaoileann leo
tabharfaidh mé sall thú..."

Ardfhilíocht sa traidisiún *bhakti* a bhfuil meas an domhain
agam air.

Cumann Cruicéid Vidarbha a chuir leaba na hoíche ar fáil
dúinn agus an chéad rud a thugas faoi deara agus mé ag
clárú ann ná fógra á rá go raibh ball den chlub curtha ar
fionraí. Deepak – ní luafaidh mé a shloinne, cá bhfios ná go
bhfuil gaol agat leis –cén riail a bhris tú, a thaisce? An riail
a deir nach bhfuil cead agat do thiománaí ná do chailín
aimsire a thabhairt isteach sa chlub leat, ab ea? Bhí scata
mór glantóirí sa chlub cruicéid agus scríofa ar a gcuid
seaicéad bhí na focail Dust Blowers, Dia linn!

N'fheadar conas a chaitear le filí san India ach caitear go
han-mhaith leis na moncaithe ann. Léim sa *Times of India*
go raibh moncaí i dtimpiste bhóthair. Caithfidh go raibh sé
ag tiomáint ar an taobh mícheart den bhóthar. Ar aon
chuma, tháinig an bhriogáid dóiteáin agus scata oibrithe
deonacha agus thóg sé ceithre huaire an chloig orthu an
moncaí bocht a shaoradh. Tugadh do na tréidlianna ansin é
agus tuairiscítear gur gearr go mbeidh sé ar a sheanléim arís.

Ní ag plé le moncaithe a bhí *Times* na hIndia dhá lá ina
dhiaidh sin ach le filí. File Gúisearáitise, Saroop Y. Dhruv,
agus béarlagair na sráideanna á mholadh aige, gnáthchaint
na ndaoine óga, mar mheán ag filí. "This does not defile the
art but helps in its evolution!" ar sé. Fastaím, arsa Ashok
Vajpeyi thuasluaite, file agus criticeoir Hiondúise: "They do
not know of the rich past of the art they are indulging in.
Additionally, they have horribly limited linguistic
resources..." Dhera, bhí an chaint chéanna ar siúl fadó i dtús
ré *INNTI*. Bhí. Ní bheidh deireadh leis an saghas sin cainte
go deo.

Tríd is tríd, deinim amach nach bhfuil mórán dochair ag baint le filí. Mar sin féin, file ab ea an té a bhí mar inspioráid ag Al-Qaeda, fear darbh ainm Said Qutb (1906-1966). Sraith 30 leabhar scríofa aige is iad mar thráchtaireacht ar an Qúrán: ba é príomhdhiagaire Bhráithreachas Moslamach na hÉigipte é, gluaiseacht a raibh an oiread sin cainte ina taobh le déanaí. Thug Qutb cuairt ar Mheiriceá agus chuir a bhfaca sé ann déistin air. Ach sular bhain sé Meiriceá amach in aon chor nár casadh Meiriceánach mná air agus í ar meisce, Dia linn is Muire is Gobnait na cille! Bhí an bhean ag iarraidh é a chrúbáil agus chuir sé sin ~ agus luascadh na loinge ~ cradhscal air (mar a chuirfeadh ar fhile íogair ar bith, tá mé cinnte).

I measc na nithe nár thaitin leis an bhfile thall in Colorado, nithe nach gcuirtear in aon bhosca amháin de ghnáth, bhí ábharachas, an córas eacnamaíochta, ciníochas, dornálaíocht (*sic*), drochstíl ghruaige (*sic* arís), comhráite agus cairdis nach raibh bonn ceart fúthu, mná agus fir le chéile (fiú sna séipéil!) agus gan aon iarracht á déanamh ag na mná cuar na gcíoch ná cuar na tóna a cheilt agus mar sin de go heireaball siar. Bhí sé tagtha den tuairim nach raibh aon leigheas ar an scéal ach Ioslam. Ar ais san Éigipt dó, chuir sé peann le pár; níor stop tréimhse i bpríosún é agus i gceann na haimsire bheadh a shaothar á leamh le fonn ag fear darb ainm Osama bin Laden.

Filí. Nílimid ar fad mar sin. Tá cuid againn gan dochar. Cuid againn atá ag iarraidh maitheas éigin a dhéanamh nó cúpla haiku saonta a chur dínn. Ní rabhas ach uair amháin san Éigipt. Scríobhas cúpla haiku fad is a bhíos ann. Ní dóigh liom gur léigh Osama iad nó má léigh, seans gurb in an chúis nach bhfuil gíocs as le tamall:

> Gleann na Ríthe
> buidéil phlaisteacha a mhairfidh
> míle bliain

A Thiarna!

Serenity ab ainm don áit. Is cinnte go raibh séimhe agus sáimhe ag baint leis ach féach, nach ionainn féin istigh is ceart na cáilíochtaí sin a lorg? Mura bhfuil siad ionat ní bhfaighidh tú in aon áit eile iad.

Tuairim is ocht gcéad bliain d'aois a bhí an dá chrann a sheas os comhair an teampaill agus trasna ón teampall ársa sin is ea a bhí *Serenity*. Áit chun do scíth a ligean i ndeireadh an lae. Ní hé go raibh scíth tuillte agamsa. Ar aon nós ...

Ní bheadh a fhios agat ón dtaobh amuigh cén saghas áite ab ea é. Cuireadh na muartha fáilte romham ach go háirithe. Céad míle fáilte? Tá na Seapánaigh níos fáiltiúla ná sin fiú amháin.

Níl a fhios agam i gceart cad a thabharfainn ar an gcailín faoina cimeonó buí a bhí ag freastal orainn ach bhí sí cóngarach go maith do bheith ina *geisha*. Thairg sí ochtapas dom. Blasta go maith leis, caithfidh mé a rá. Ach ní raibh ann ach ruainne beag. Bheadh jab agat é a aithint gan trácht ar é a ardú leis na cipíní itheacháin (mura mbeadh taithí agat orthu). Is maith an rud nach raibh ocras rómhór orm.

Cúpla braoinín *sake*. Mé ar mo shuaimhneas. Cailín an chimeonó bhuí ag tabhairt aire dhom faoi mar ba laoch ceart a bhí ionam, *samurai* calma is é fillte ó pháirc an áir, nó oibrí de chuid Mitsubishi, abair. Nach é an rud céanna é.

Bhaineas na bróga díom agus threoraigh sí suas staighre mé. Bhuaileas fúm. Breá socair ionam féin. Fear gnó ina shuí

179

trasna uaim. Mhalartaíomar cártaí gnó. Ní ligfí ar ais in Kyoto go deo arís mé mura ndéanfainn i gceart é ~ an cárta a shíneadh amach romhat agus greim agat air le do dhá lámh. Umhlú beag ansin. Uair amháin ar a laghad.

Níor thug mo chártasa aon leid do mo dhuine cén saghas ab ea mé nó cén "gnó" a thug anseo mé agus níorbh fhiú dhom mo bhéal a oscailt, ní raibh Gaeilge ná Béarla aige. Dhúnas mo shúile ach go háirithe agus chuimhníos siar ar imeachtaí an lae. Bhíos tar éis a bheith amuigh in Rakushisha, Bothán na nDátphlumaí Tite.

An scéal a bhaineann leis an áit ná gur le fear darbh ainm Kyorai an bothán, tráth den saol, agus na crainn torthaí a bhí timpeall air, daichead crann dátphlumaí ar fad. Máistir haiku ab ea Kyorai. Tháinig ceannaí chun féachaint ar na torthaí agus dheineadar margadh eatarthu. Bheadh an ceannaí ar ais an lá dár gcionn chun na dátphlumaí a thabhairt abhaile leis.

Ach an oíche sin, cad a tharla? An stoirm ba mheasa dar bhuail an áit le fada an lá. Chaith Kyorai an oíche go léir agus é ag éisteacht leis na dátphlumaí breátha á mbascadh féin ar an talamh agus nuair a chonaic sé an slad a bhí déanta an mhaidin dár gcionn, osclaíodh na súile dó; thuig sé ~ mar a thuigeann gach máistir haiku ~ thuig sé neamhbhuaine an tsaoil. Máistir na nDátphlumaí a thabharfadh sé air féin feasta. Bhíos chomh tógtha sin leis an scéal ~ agus leis an áit ~ gur chumas haiku ar an toirt:

Rakushisha
na dátphlumaí ag titim ~
ag titim ar mo chroí.

Dá gcífeá a uaigh! Tá sí chomh neamhthaibhseach sin gur theastaigh ó scata de mhaithe is de mhóruaisle Kyoto a bheith curtha in aice leis, sínte taobh le Máistir na nDátphlumaí Tite! D'osclaíos mo shúile. A thuilleadh ochtapais agus braoinín eile *sake* romham. Go diail. Is gearr go raibh sé in am don *karaoke*. Shín cailín an chimeonó bhuí an gléas cáiriócé chugam agus lorgaíos amhrán éigin a bheadh ar eolas agam. Ní raibh aon rian den *Phoc ar Buile* ann. Chun na fírinne a rá, ní rabhas in ann oiread is amhrán Éireannach amháin a aimsiú ar an meaisín mallaithe sin, *The Rose of Tralee* fiú amháin. Cad a léiríonn sé sin? N'fheadar. Shocraíos sa deireadh ar *My Sweet Lord*, le George Harrison.

Bhí go maith is ní raibh go holc. "I really wanna see you!" Chuireas mo chroí isteach ann. Is ansin a thosaigh an fear gnó ag féachaint orm le spéis. Hath? arsa mise liom féin. Cad tá ag ~ ? An é ~ Ó! Ceapann sé ~ Ó! Is gá dom a mhíniú dó gur ag tagairt do Krishna atá George Harrison san amhrán agus nach amhrán aerach é seo. I bhfad uaidh. Ina dhiaidh sin is uile — "I really wanna..." Cá bhfios?

An duine aerach é mo dhuine nó cén fáth a bhfuil sé ag stánadh orm? Ar ndóigh, nach cuma: aerach, díreach, díreach, aerach. Is cuma sa riach. Tugann sé bualadh bos dom. Umhlaím dó. Síneann cailín an chimeonó bhuí an meaisín arís chugam. Encore! Hé, cén fáth ar bhaineadar an "Hare Krishna" amach as *My Sweet Lord*? Tá cinsireacht déanta acu air!

Amhrán eile. Caithfidh mé a bheith níos cúramaí an babhta seo. Amhrán mascalach éigin. Fearúil! Bí id *shamurai,* a bhuachaill, ná lig síos anois mé.

Cad sa diabhal atá orm? Roghnaím *Twinkle Twinkle Little Star!* Gan chuimhneamh. Ródhéanach anois chun aon rud a dhéanamh ina thaobh. Tá an réamhcheol tosaithe. A Thiarna —

An bhfuil teorainn ar bith
le síorleathnú an Bhéarla?

Níl a fhios agam an bhfoghlaimíonn daltaí dara leibhéal nó mic léinn tríú leibhéal mórán in aon chor faoin impiriúlachas teanga. Go deimhin, is an-annamh ina ábhar cainte é sna meáin chumarsáide agus ní fheicimse mórán leabhar ina thaobh sna siopaí leabhar ach an oiread. Is ait liom sin, go háirithe agus cónaí orainn i dtír iarchoilíneach. Cén céatadán de dhaonra na hÉireann nó de dhaonra na hIndia, abair, a bhraitheann gur i dtír iarchoilíneach atá cónaí orthu? Sa leabhar *Resisting Linguistic Imperialism in English Teaching* (Oxford University Press 1999) le A. Suresh Canagarajah, 1999), ceistíonn an t-údar ról an Bhéarla i dtíortha atá i mbéal forbartha. An é Capall Adhmaid na Traí é an Béarla, arsa Canagarajah. An múinfidh an Béarla spleáchas nó neamhspleáchas dóibh?

Cé chomh mór is atá an Béarla á chur chun cinn sa Tríú Domhan ag ár n-áisíneachtaí forbartha féin, Goal agus Trócaire, abair? Áisíneacht oifigiúil na hEaglaise Caitlicí is ea Trócaire, ar ndóigh; an bhfuil saoirse diagachta ag an eagraíocht sin – nó diagacht na saoirse ba chirte dom a rá? An moltar do na hoibrithe deonacha sna heagraíochtaí sin a bheith fabhrach leis na teangacha atá á labhairt sna tíortha ina mbíonn siad ag obair?

Cuirimis ar bhealach eile é: an bhfuil na pinginí a thugaimidne do na heagraíochtaí sin ag cuidiú le scaipeadh an Bhéarla sa Tríú Domhan nó an amhlaidh atáimid ag cabhrú leis na teangacha dúchais ann ó lá go lá? An smaoiníonn na háisíneachtaí sin ar chúrsaí teanga in aon chor? Ní hé an chloch is mó ar a bpaidrín acu é más aon chomhartha é na suímh idirlín acu.

Is ionann impiriúlachas teanga agus dia beag a dhéanamh den réasúnaíocht, rud a tharla le linn Ré na hEagnaíochta. Tá "eagnaíocht" Ré na hEagnaíochta á ceistiú inniu. (Táim féin á ceistiú le fada.) Nuair a bhímid ag caint ar an impiriúlachas, samhlaímid an lár agus na himill. Míníonn Canagarajah dúinn conas a cuireadh na himill faoi chois, rud a thuigeann na Gaeil go rímhaith: "The Enlightenment also led to the suppression of the knowledge systems of the periphery. Science was defined as a universally applicable project, rather than a cultural product of the West – one based on a Judeo-Christian/Renaissance belief in domination over nature..."

Srí Lancach é Canagarajah, dála an scéil agus bheadh taithí phearsanta aige ar théama seo an impiriúlachais. Nílim ag caint ar bhrú an Bhéarla amháin; cuimhnigh ar an gcinedhíothú a dhein an rialtais dúchais ar na Tamalaigh ann.

Ba bhreá liom a shamhlú go mbeadh an tuiscint sin thuas don impiriúlachas ag oibrithe deonacha Goal, Trócaire agus áisíneachtaí dá sórt, bail ó Dhia orthu. Ba bhreá liom a shamhlú go mbeadh an tuiscint sin ag múinteoirí Béarla, Gaeilge, Staire agus Tíreolaíochta na tíre seo; mura bhfuil b'fhéidir go bhfuil sé in am againn an antrapeolaíocht chultúrtha a mhúineadh mar ábhar speisialta san idirbhliain agus Impiriúlachas Teanga mar chuid lárnach den chúrsa sin.

Focal eile ar impiriúlachas teanga is ea impriúlachas cumarsáide, i bhfocail eile, cumarsáid as Béarla a bheith geall le bheith éigeantach sa sráidbhaile domhanda ina mairimid. Ní mór iad na tíortha atá ag cur i gcoinne an impiriúlachais sin; tír amháin acu is ea an Chóiré Thuaidh ach níl meas ag éinne ar an tír sin a thuilleadh, an bhfuil? Tá an baol ann, feictear domsa, go dtabharfaí sceimhlitheoir ar dhuine ar bith nó ar dhíorma ar bith a chuirfeadh in aghaidh svae cultúrtha na hImpireachta Angla-Mhericeánaí. Ar ndóigh, ní maith leis an Impireacht Angla-Mheiriceánach go dtabharfaí impireacht uirthi sa chéad áit. Slogann an Béarla teangacha eile. Thug an Ghaeilge focail ar nós *whisky, smithereens* agus (más fíor) *didjeridoo* don Bhéarla. Ach má cheapann an Béarla go bhfuil sé in ann gach aon rud a rá agus gach aon rud a ghlacadh chuige féin, tá breall air. Tá focal acu in Tierra del Fuego agus níl aon Bhéarla air ~ agus ní bheidh. Bhíos chomh tógtha leis an bhfocal áirithe sin gur scríobhas dáinín beag neamhurchóideach ina thaobh dar teideal *Focal*:

Focal atá acu in Tierra del Fuego:
Mamihlapinatapai ~
Féachaint ar a chéile, an gníomh sin.
Ag súil go ndéanfaidh
Páirtí éigin díobh
Rud éigin atá inmhianaithe
(Dar leis an dá pháirtí)
Ach nach bhfuil fonn rómhór
Ar cheachtar den dá pháirtí sin
A dhéanamh.

Tá scata focal ag an Duinníneach agus ní rachaidh siad isteach sa Bhéarla go deo. "Turcaí", cuir i gcás. Is é an turcaí a stopfaidh síorleathnú an Bhéarla! Is é is turcaí ann ná "a slang word for a beast kept by a [cow]herd in mountain pasture for his own benefit or without the knowledge of his master." Nach deas é!

Focail eile nach bhfuil sa Bhéarla, agus nach mbeidh, mar nach bhfuil an Béarlóir in ann a theanga a chur timpeall orthu, é sin nó gan aon spéis aige sa choincheap nó taithí aige air: *cualacino*, focal Iodáilise a chiallaíonn an marc a fhágann gloine fhuar ar an mbord. Focal atá acu i nGaeltacht na hAlban: *sgriob*, tochas ar an mbeol uachtarach sula n-óltar súimín fuisce. Agus ná dearmad an focal *llunga*, focal Tshiluba, teanga a labhraítear sa Chongó: duine a mhaithfeadh rud ar bith duit uair amháin, a chuirfeadh suas leis an dara huair ach sin an méid, níl an tríú seans agat.

Cualcino, sgriob, turcaí, llunga, mamihlapinatapai ~ cuid den armlón treallchogaíochta in aghaidh an Bhéarla is ea iad. Ní maith liomsa an míleatachas. Ach tá sé nádúrtha agus inghlactha tú féin a chosaint má tá tú faoi ionsaí, nach bhfuil?

Bhí an dúspéis riamh agam san ábhar seo. Ní hionadh mar sin go mbeadh spléachadh faighte agam ar cháipéisí ar nós an British Council Report 1983-84 ina bhfuil an méid seo a leanas: "Our language is our greatest asset, greater than North Sea Oil and the supply is inexhaustible ... we need to invest in and exploit to the full this God-given asset." Spéisiúil, nach bhfuil? Acmhainn ó Dhia! Má tá Dia ar do thaobh, cén seans atá ag an gcuid eile.

Idir an dá linn, tá na Gearmánaigh an-bhuartha faoin teanga nua atá ag borradh ina measc, *Denglish*! I gcúrsaí ceoil, i gcúrsaí spóirt, i gcúrsaí faisin agus i gcúrsaí ríomhaireachta tá an Denglish in uachtar agus líon na bhfocal nuachumtha Gearmáinise ag dul i laghad an t-am ar fad. Sampla: *Ich musste den Computer rebooten, weil die Software gecrasht ist* = B'éigean dom an ríomhaire a athbhútáil toisc gur thuairteáil na bogearraí.

Tá slí eile chun an Ghaeilge a mhúineadh sna scoileanna, dar liom, agus is é atá á mholadh agam ná go múinfí do dhaltaí go bhfuil dualgas orthu an domhan a chosaint ar an aonteangachas. Iad a bheith ina laochra cultúrtha agus teanga chun todhchaí an domhain a chinntiú.

Teastaíonn ó an-chuid daoine óga an míol mór a chosaint, i measc go leor rudaí eile. Oibrímis ar an idéalachas sin. Bí líofa sa Ghaeilge agus cosain an domhan! Conas? Is fiú tuairimí Hermann H. Dieter a léamh ina thaobh sin, duine de na saineolaithe a bhfuil aiste leis sa leabhar *Cultural Imperialism* (2005), in eagar ag Bernd Hamm agus Russell Charles Smandych. Deir Dieter gurb é atá i bhfoclóir teanga ar bith ná cód géinchultúrtha (nó "genocultural code") na ndaoine a chruthaigh agus a úsáideann an teanga sin. Caithfear na cóid ghéinchultúrtha sin a chosaint ar an aonteangachas. Is iad na cóid sin a ligeann dúinn an domhan a léamh agus a thuiscint. Caithfear iad a chosaint. Ar ais nó ar éigean. Níl aon rogha againn.

Tá dualgas orainn go léir a bheith míorúilteach

Tugann siad AWE orthu féin, Alliance for Wild Ethics. Duine acu is ea David Abram a chum an phaidir seo a leanas. Sea, a léitheoir dhil, léigh tú i gceart é: ní dán, ná aiste, scéal ná aon ní eile é ach paidir. Nach iontach go bhfuil paidreacha fós á gcumadh ina aois seo ár dTiarna. Is léir gur cultúr seamanach a spreag an phaidir ghleoite seo:

> Go mbeire dea-fhís orm
> Go mbeire fís dea-mhéine orm is go gcorraí sí mé.
> Go dtaga fís dhomhain iomlán chugam is í ag
>   pléascadh im thimpeall
> Go gcuire fís lonrach ar mo leas mé agus mé inti.
> Go ndúisí mé sa scéal atá timpeall orm,
> Go ndúisí mé sa scéal álainn.
> Go dtaga an scéal iontach orm;
> Go dtaga an fiántas a chuireann an áilleacht ag éirí
>   idir bheirt leannán,
> Go dtaga an fiántas sin aníos idir mo cholainnse
>   agus colainn na tíre seo,
> Idir m'fheoilse agus feoil an domhain seo,
> Anseo, anois díreach,
> Ar an lá seo,
> Go mblaise mé rud éigin beannaithe.

Ní hé amháin gur ball den Alliance for Wild Ethics é an fealsamh Meiriceánach David Abram, eisean a bhunaigh an

Chomhghuaillíocht sin. B'fhiú go mór cuairt a thabhairt ar an suíomh idirlín acu. Ar aon nós, léas aiste dá chuid dar teideal *Éiceolaíocht na Draíochta* agus chuireas timpeall í mar cheangaltán. Bhí go leor daoine buíoch díom mar nach raibh cloiste acu cheana i dtaobh Abram. Ba oscailt súl dóibh a raibh le rá aige. (Caibidil as leabhar leis *Spell of the Sensuous* a bhí san aiste sin.)

I dtús na caibidle sin, tugann Abram cur síos diamhair dúinn ar eachtra a tharla dó nuair a d'fhág sé a bhothán tráthnóna amháin, bothán a bhí suite i ngort ríse oirthear Bhali. Thosaigh sé ag titim, a dúirt sé: ag titim is ag titim is ag titim ~ isteach i mBealach na Bó Finne. Fód ná fóidín mearbhaill níor bhraith sé faoi! Lean sé air ag titim. Ní raibh a fhios aige ó thalamh an domhain an ag titim suas nó ag titim síos a bhí sé.

Ar ndóigh, is é atá i ngort ríse ná scata lochán. Bhí scáil na réaltaí go léir ag rince thíos faoi. Cheapfá go dtiocfá chugat féin láithreach bonn, go dtuigfeá nach amuigh sa spás a bhí tú ach díreach lasmuigh de do bhothán féin ach, fan! Ní raibh sé chomh simplí leis sin. Má bhí réaltaí ina mílte os a chionn in airde agus an líon céanna díobh ag glioscarnach thíos faoi, bhí feithidí lonracha amuigh chomh maith ~ lampróga ~ agus iad ag damhsa sa chosmas. Feithidí, ag scinneadh thart ar nós réaltaí reatha. Th'anam ón diabhal, bhí sé faoi dhraíocht ar fad ar fad. Nár mhéanar dó!

An bhfuil a fhios agat, is dóigh liomsa gur cheart go mbeadh eachtraí mar sin mar chuid den saol ag gach mac máthar is iníon athar againn, go ndéanfadh sé an-mhaitheas dúinn; déanann sé maitheas domsa léamh fiú amháin (agus scríobh) ina thaobh. Braithim, áfach, go bhfuil comhcheilg ann chun nach ligfí dúinn an saol a bhlaiseadh sa tslí mhíorúilteach sin. Braithim go bhfuil rud éigin sa chóras oideachais agus rud éigin sa tslí inar tógadh sinn: má léimid an mionchló a bhaineann le rialacha na beatha, mar atá leagtha síos ag an tsochaí dúinn, tá sé ríshoiléir cad atá á rá: cosc ar mhíorúiltí!

Is cuimhin liomsa go maith nuair a bhíos ar scoil gur teagascadh gur le Dia amháin a bhaineann míorúiltí, nó leis na naoimh. Níor bhain míorúiltí le gnáthdhaoine in aon chor. Bhuel, inseoidh mé an méid seo duit: míorúilt is ea an saol seo, míorúilt is ea an Domhan, míorúilt is ea mise agus tusa agus braithim go bhfuil dualgas orainn na míorúiltí sin a aithint agus a chomóradh. Ní leor sin. Ní leor a bheith inár bhfinnéithe ar mhíorúiltí: tá dualgas orainn féin a bheith míorúilteach agus ní gá duit an leabhar móréilimh *A Course in Miracles* a léamh chuige sin.

Thraenáil Abram mar dhraíodóir, dála an scéil, agus chabhraigh sé sin go mór leis nuair a thug sé cuairt ar an Áise chun staidéar a dhéanamh ar leigheasanna traidisiúnta agus na searmanais a bhaineann leo. Chuir na seamain an-spéis ina chuid cleasaíocht láimhe. Aithníonn ciaróg ciaróg eile. Thug siad deis dó páirt a ghlacadh ina gcuid searmanas. D'aithin Abram go raibh bua ar leith ag na seamain, bua a fuair siad ón gcaidreamh speisialta a bhí acu leis an timpeallacht. Deir sé go bhfuilimidne, sa domhan "forbartha", tar éis an caidreamh sin a chailliúint. Níl sa timpeallacht anois dúinne ach tírdhreach taitneamhach. Déarfadh daoine áirithe gur chailleamarna, muintir na hÉireann, an caidreamh speisialta sin leis an timpeallacht de dheasca an Choncais. Ní chuirfidh mé dátaí le tús ná le deireadh an Choncais sin. (Cé a dúirt go raibh deireadh leis?) Ábhar aiste eile a bheadh ansin!

Thug Abram faoi deara le linn dó a bheith i mBali go bhfágtar bia amach do na mairbh, blúirín ríse ar dhuilleog phailme. Dúirt sé leis féin go bhfanfadh sé, féachaint cad d'imeodh ar an mbia. Cad é mar iontas a bhí air nuair a thug sé faoi deara go raibh ceann de na duilleoga pailme ag bogadh. An bhféadfadh go raibh taibhse éigin tagtha ar ais chun bricfeasta a ghlacadh? Dhruid sé níos cóngaraí don duilleog. Diaidh ar ndiaidh, thuig sé nach taibhse a bhí ann in aon chor ach seangáin dhubha. Níorbh fhada go raibh deireadh déanta acu agus gan rian den ofráil fágtha. Gháir Abram.

I gceann na haimsire, áfach, tuigeadh dó go raibh an-chiall le nós seo na hofrála. Bheadh an teach ag snámh le seangáin murach gur shásaigh na hofrálacha laethúla iad. Bhí an oiread sin seangán ann go bhféadfá a bheith faoi léigear acu mura smaoineofá ar sheift éigin. An draíocht agus an éiceolaíocht taobh le chéile.

Táimidne an-dall ar an timpeallacht ina mairimid. Dáiríre. Ceann de na focail is deise liomsa i bhFoclóir an Duinnínigh ia ea "meithiagán". Lámh in airde má tá a fhios agat cad is "meithiagán" ann. Feithid! Ach ní ainmníonn an Duinníneach é. Is é seo an míniú a thugann sé air: "An insect that appears about 1st of June..." Ar chuala tú riamh a leithéid! An bhfuil aon bhaint aige leis an bhfocal "Meitheamh"? Tharlódh sé. Seans go bhfuil gaol aige leis an bhfocal "meagán"; n'fheadar. Is dóigh leis an Duinníneach gur cuileog ghlas atá sa mheagán ach tá comhartha ceiste aige ina dhiaidh. Níl sé cinnte ina thaobh. Ach tá a fhios aige an méid seo mar gheall air: "It affects the pea in July." Anois duit!

Is ceart a bheith istigh leis na seangáin (agus le gach ní beo, an meithiagán san áireamh, pé rud é féin). Nach minic a thug na seangáin foláireamh do dhaoine "primitíveacha" maidir le súnámaí nó matalang éigin dá shórt? Smaoiním ar Leabhar na Seanfhocal sa Bhíobla: "A leisceoir, téigh chun an tseangáin; déan machnamh ar a bhealaí, agus bíodh ciall agat..."

Má fhágann muintir Bhali rís amach don dream a chuaigh rompu agus má sciobann na seangáin í, nach bhféadfá a rá go n-itheann na seangáin an bia sin thar ceann an tseandreama, sa mhéid go bhfuil an seandream morgtha sa chré, an chré chéanna ina gcónaíonn na seangáin: aon dream amháin anois iad. Sea go díreach. Sin é a déarfadh Abram ar aon nós. Ní bheinnse ag cur ina choinne.

Rúiseach a fuair radharc
ar rún na beatha

Deir saineolaithe áirithe ar nós Robert D. Wilson gurb í
an t-aon mháistir haiku lenár linn í, i saol an Bhéarla
ar aon nós, agus gurb í a ghlanfaidh agus a shábhálfaidh
gort an haiku sa teanga sin agus ar fud an domhain. Seans
maith go bhfuil an ceart ag Wilson. Rúiseach ab ea Svetlana
Marisova a bhog go dtí an Nua-Shéalainn. Rugadh í ar Lá
le Pádraig 1990 agus cailleadh d'ailse inchinne í ar an 7
Meán Fómhair 2011. Nach gearrshaolach a bhí sí! Ach
mairfidh a déantús haiku go brách:

> turlabhait na dtonnta:
> ba dhóigh leat, b'fhéidir,
> nach mbeadh deireadh go deo léi

Tháinig deireadh róluath ar fad le saol an mháistir óig
agus is deacair a shamhlú cén fhorbairt a thiocfadh ar a cuid
haiku. Bhí sí lánfhorbartha cheana ar mhórán slite. Nuair a
léigh mise a cuid haiku an chéad uair ar *Simply Haiku*,
baineadh stangadh asam. Ní raibh aon rud mar é léite agam
sa Bhéarla ó chéadleagas súil ar shaothar J W Hackett na
blianta fada ó shin.

> toirneach i gcéin ~
> scríbhneoir an haiku seo ~
> ... marbh?

Is minic báúil le Daochas, Sinteo nó leis an mBúdachas iad lucht haiku (agus cúiseanna stairiúla leis sin) ach d'fhan Svetlana dílis dá fréamhacha Caitliceacha. Ní hionann san is a rá nach bhféadfadh sí a bheith dílis don anamachas seamanach chomh maith céanna faoi mar atá an tseanphágántacht fite fuaite leis an gCríostaíocht in Éirinn ó aimsir Oisín i leith:

clapsholas
cruth á ghlacadh
ag an gcrisilid

Is gá d'aigne a ghlanadh chun haiku a léamh. Go deimhin, braithimse nuair a scríobhaimse haiku nó nuair a chuirim Gaeilge ar fhíor-haiku, go nglantar m'aigne. Bailíonn an bruscar arís an-tapa ar fad ach ar feadh soicind nó dhó ~ nó trí ~ bíonn an aigne íonghlan, sciomartha. Stopann an t-am.

Bíonn aigne an duine ag rásaíocht na laethanta seo agus sin an fáth a sciorrfadh a lán daoine thar an haiku thuas is gan é a bhlaiseadh i gceart in aon chor. Is é atá sa haiku thuas, dar liom, ná an domhan go léir á fhoirmiú, an comhfhios á fhoirmiú, smaoineamh á fhoirmiú sula n-imíonn arís. Is é atá ann, domhan á chruthú gan fhios don saol.

Caitlicigh ab ea tuismitheoirí an fhile agus intleachtaigh ab ea iad, leis; taithí acu ar an rúndacht, ar a bheith faoi thalamh sa Rúis.

síol suanach ~
cén fáth a gcaitheann tú péacadh
chomh luath seo?

Níl a fhios agam an bhfuil an léamh ceart agamsa ar an haiku sin nó nach bhfuil ach tabharfaidh mé faoi ar aon nós.

Páiste cliste ab ea Svetlana agus bhí Rúisis is Béarla aici in aois a trí, deirtear. Ach chomh maith le bheith cliste, bhí síol na healaíne inti chomh maith. Ealaíontóir ar bith a bhfuil léargas aige ar a thallann féin, luath nó mall aithneoidh sé go bhfuil rud éigin uafar ollmhór ag baint leis an gcruthaitheacht agus leis an tsamhlaíocht a chuirfeadh alltacht ort dáiríre.

Sin an léamh atá agamsa ar an haiku sin ar aon chuma, Svetlana Marisova agus tuiscint á fáil aici ar dhúiseacht a hanama ar thairseach na síoraíochta di.

> na haoiseanna dorcha seo ~
> gobadáin ag cruinniú
> roimh bhreacadh an lae

Ar shlí is fearr haiku a bhlaiseadh agus ligean dó pé rud atá á rá aige imeacht ina mhacalla toll tríot ná tabhairt faoina mhíniú. Ina dhiaidh sin is uile, is soiscéalaí haiku mé agus caithfidh mé rud éigin a rá, is dócha, agus áilleacht na foirme seo a mholadh agus a ionad ceart a éileamh don haiku i ndomhan na foilsitheoireachta.

Is é atá le rá i dtaobh an haiku thuas sa chéad dul síos ná go bhfuil dóchas is éadóchas ann. Na haoiseanna dorcha seo! Creideann na Hiondúigh go mairimid sa Kali-yuga, aois na scriostóireachta. Ré Dhorcha. Éinne a fhéachann siar leathchéad bliain nó níos mó, ní fhéadfadh sé a mhaíomh gur ré órga na síochána an ré seo ina mairimid. Cén fhaid a leanfaidh an Kali-yuga seo nó an bhfuil seans go bhfuil deireadh ag teacht leis? 432,000 bliain a mhaireann sé, deirtear! Na haoiseanna dorcha seo...

> a éin i dtost ~
> iompraím do ghiolc
> trí scáthanna ~

Is aoibhinn liom an mhistéir atá sa haiku sin chomh maith. Tá síol an bháis ag fás in inchinn an chailín bhoicht, tá a hanam i dtiúin leis féin, leis an tost, tá scáthanna an domhain agus scáthanna an bháis gach aon áit, ach canann an tost mar sin féin. Is míorúilteach an haiku é dar liom, máistriúil amach is amach. Ní féidir athinsint a dhéanamh ar haiku, caithfear ligean dó labhairt leat i dtost. Ar shlí, osclaíonn an haiku an Folús dúinn, an Tost, fágann sé bearna agus is sinne a chaithfidh an bhearna sin a líonadh agus ní líonfaimid go deo í mura n-aimsímid an Folús is an Tost ionainn féin.

Seacht mbliana déag d'aois a bhí sí nuair a chuaigh sí leis an urnaí rinnfheifeach. Lom sí í féin. Oilithreacht anama. *Kenosis.* Folmhú na tola. "Lom sé é féin..." (Litir Naomh Pól chuig na Filipigh, 2:7). Éinne a léigh *Poustinia: Christian Spirituality of the East for Western Man* (1975) le Catherine Duffy beidh tuairim aige faoin gcúlra spioradálta a bhí ag Svetlana, cúlra a thug doimhneacht agus mistéir dá cuid haiku. Níl cúlra spioradálta ag mórán de lucht scríofa haiku an lae inniu agus a rian sin orthu.

Sea, lom sí í fein agus nach iad féin a lomadh sa tslí sin a dhein manaigh Sceilig Mhíchíl fadó? Tá loime ar fáil sna haiku is fearr, loime atá go diail chun trácht ar an lomadh sin!

Traidisiún láidir sa tSeapáin ab ea é haiku a chumadh ar leaba do bháis. É seo, mar shampla, le Bokusui:

focal scoir?
sneachta ag leá
is gan aon bholadh uaidh

Níl aon rud maoithneach ná brónach ag baint leis sin, an bhfuil? Níl. Níl ann ach an file haiku agus haiku eile á scríobh aige, airdeallach go dtí an deireadh. Is minic na céadfaí níos géire ná riamh agus an bás le d'ais. Féach cad a deir Svetlana:

> corcra, chomh dorcha sin
> go bhfuil siad dubh, geall leis ~
> caora fíniúna

Haiku álainn ón máistir óg Rúiseach, haiku a léiríonn an folús nach folús in aon chor é ach láine:

> fuacht an gheimhridh ~
> an spás bán
> idir na línte

Baineann an haiku deireanach a scríobh sí leis an nguilbneach nó an "godwit", éan imirce:

> eitilt an ghuilbnigh ~
> imíonn an solas
> leis an ngrian

Tá gach rud tugtha chun críche ansin aici. Aithníonn sí an deireadh ag teacht. Ní fheicfidh sí an guilbneach go deo arís. Ach fuair sí radharc ar mhistéir na beatha. Rud annamh é sin. Rud iontach.

Sióga, filí, Gaeil, agus mionlaigh eile nach iad

Aimsir Ársa
Cathal Ó Searcaigh
Ian Joyce a mhaisigh
Arlen House a d'fhoilsigh
ISBN 978-1-85132-046-2

Bhrisfeadh sé éinne eile, an scannán a deineadh faoin Searcach agus go grod ina dhiaidh sin géarleanúint ghraosta na meán lathaí, na doirse go léir a dúnadh de phlab air—ach is amhlaidh atá an Searcach agus a shaothar níos tathagaí ná riamh i bhfianaise na sárleabhar a tháinig óna pheann le tamall de bhlianta anuas, *Gúrú i gClúidíní* (CIC 2006), na cuimhní cinn *Light on Distant Hills* (Simon & Schuster, 2009) agus an dá chnuasach filíochta a d'fhoilsigh Arlen House, *An tAm Marfach ina Mairimid* (2011) agus *Aimsir Ársa* (2013). Is ar *Aimsir Ársa* a bheidh mé ag díriú san aiste seo.

Mar chosaint ar an ionsaí a deineadh ar a cháil, d'fhéadfá a rá gur chúb an Searcach isteach ann féin ach ní teitheadh ab ea é sin ach a anam is a dhúchas mar fhile agus mar Ghael a athaimsiú agus a athmhúnlú. Sa leabhar seo tá toradh ealaíonta a fhéintaighde á roinnt aige linn go fial. Thréig daoine áirithe é ach má thréig, féach! ~ as duibheagán an ama agus an spáis, chruinnigh a chairde go léir timpeall air. Agus cé hiad sin, a deir tú? Lí Pó, cuir i gcás.

Nach caoin cairdiúil an comhrá seo eatarthu:

> Tá mé san aois sin anois,
> ré na seanaoise
> go dtig liom mo chomhrá
> a dhéanamh leatsa, a mhian,
> thar dhuibheagán na gcianta ...
>
> Mé i mo shuí ag ól fíona
> amuigh faoin spéir
> oíche shoiléir i dtús an fhómhair –
> do leabhar os mo chomhair ...
>
> (as *Labhraim le Lí Pó*)

Binneas! Milseacht! Séimhe na Sean-Síneach, draíocht an Dao. Fíon seachas fínéagar. Fíon na filíochta. Milseacht a fáisceadh as fulaingt. Lí Pó (no Lí Bai) agus Gúrú na gCnoc, mórfhilí i gcuideachta a chéile agus is mór an phribhléid dúinne cúléisteacht a dhéanamh ar a n-allagar neamhaí. Is maith a thuig Lí Pó "saol na trioblóide, saol na brionglóide".

Ní hé seo an chéad uair don Searcach filí ón anallód a ghairm chuige féin as aer. Is cuimhin liom go maith i gcomhluadar Óivid é, nuair a chéadbhraith Cathal ar deoraíocht ina thír féin é. Tarlaíonn sé. Tarlaíonn a leithéid d'fhilí. Níl le déanamh ach breith ar an bpeann agus an bheatha a mhóramh:

> Móraim an bláth seo
> a bhláthaíonn i bpian
> i dtalamh righin mo ghairdín
> is a thugann a aghaidh
> go lúcháireach ar an ghrian –
>
> (as *Lus na Gréine*)

An bheatha a mhóramh, an ghrian a mhóramh, an solas a mhóramh, an teanga a mhóramh, an grá a mhóramh. Níl éinne níos fearr chuige:

Ní san aigne amháin
atá do chuimhne i dtaisce
ach ar fud fad mo cholainne ...

Déarfadh daoine áirithe, b'fhéidir, i ndiaidh ar tharla dó, gur cheart dó a chlab a dhúnadh anois agus gan a bheith ag scríobh faoi bhuachaillí a thuilleadh. Fastaoim! Ligean do scannán é a chur ina thost, ab ea? Ligean d'iriseoirí is lucht biadáin é a chloí? Tá dánta ómóis anseo aige faoi Éireannaigh cháiliúla ar homaighnéasaigh iad, Mícheál Mac Liammóir agus Ruairí Mac Asmaint [recte Mac Easmainn], abair. Tuigimis an méid seo: guth dochloíte é guth an tSearcaigh, guth seo a ghairme is a anama, guth síoraí, guth na filíochta, guth na Gaeilge, guth na fírinne, guth na háilleachta. Tá daoine ann a chuirfeadh ainm Chathail in áit Antinous sa dán aige den teideal sin:

Antinous na hÁilleachta! Antinous na Grástúlachta!
Sa cháil sin buan beo a bheas sé anois agus go deo.
Sa staid dhiaga úd, fiú mura bhfuil ann ach samhail,
buanóidh sé ar feadh na síoraíochta
ionas nach dtig leis an bhás, fiú amháin, díobháil
a dhéanamh dó nó a chur ó dhealramh —

Sea, is saghas déithe iad na mórfhilí, gan amhras. (Sa bhliain 1793 d'fhógair creideamh dúchasach na Seapáine, Sinteo, an máistir haiku Bashō ina dhia.)

Ní milseacht agus móramh ar fad é *Aimsir Ársa,* áfach. Seachain fíoch an fhile! (Léigh an dán ar lch 30-31.) Filleann an feall. Tríd is tríd, áfach, an móramh seachas an cáineadh an nóta is treise in *Aimsir Ársa*. Agus tá tréith eile fós ann, is é sin sceitsí iontacha á dtarraingt aige den áit ina bhfuil sé ag cur faoi agus tochailt déanta aige go dtí an gheografaíocht shíceach, i bhfocail eile an leibhéal sin den tírdhreach nach nochtar don chuairteoir lae, Éire mar a fheictear do leithéidí Michael Dames í in *Mythic Ireland*, cuir i gcás, an Éire sin a bhfuair John Moriarty spléachadh uirthi, deinim amach, an Éire sin dá mbeadh sí feicthe ar feadh nóiméid ag forbróirí is ag baincéirí go mb'fhéidir nach mbeadh sí leonta acu mar atá.

Na Bailte Bánaithe an teideal atá ar an dara cuid den leabhar seo agus tá a fhios agam ó bheith ag caint le roinnt de mo chomhfhilí gurb iad na dánta seo is mó a rachaidh i bhfeidhm ar go leor léitheoirí. Nach bhfuil leath na tíre bánaithe ~ arís! Dúirt mé i dtosach na haiste seo gur fhill Cathal ar a fhréamhacha sa leabhar seo chun uchtach agus cothú a lorg, rud a dhein, ach is dánta coscracha iad na dánta sa rannóg seo agus meabhraíonn siad dúinn go bhfuil teipthe ag an Stát seo an Ghaeltacht agus an teanga a chosaint mar is ceart. An cumha atá sna dánta seo, is maith mar a thuigfeadh Lí Pó, Dú Fú agus filí eile ón Ríora T'ang é agus seans maith gurb iad Sínigh na ré órga sin a spreag an Searcach chun súil chumhach a chaitheamh ar a chomharsanacht féin:

Tráthnóna idir an dá sholas
tchím iad ag taibhsiú chugam
as ceo folaigh na nglúnta.

Mo sheanathair, muintir
mo mhuintire, tchím iad
ag obair amuigh faoin spéir,

na fir ag buain i gcuibhrinn
nach bhfuil ann níos mó,
na mná ag blí na mbó

i mbuaile gréine na Míne
na páistí ag déanamh folachán
i measc stucaí agus síogán ....

(as *Na Bailte Bánaithe*)

Dán máistriúil amach is amach is ea *Na Bailte Bánaithe*, é ina cheithre chuid. Tá na Gaeil in ann an cumha a láimhseáil, mise á rá leat (*pace Hallaig* le Somhairle Mac Gill-Eathain). Ní bheadh Sasanach in ann é a dhéanamh chomh maith céanna. Ní bheadh an teanga aige chuige, ar ndóigh. Cloisimse ceol osnádúrtha sna línte thuas agus sin an chúis is mó go seasann Cathal amach mar dhuine de mhórfhilí an domhain ~ a chluas is a chroí ag teacht le chéile go feillbhinn. Tá an ceangal sin briste i gcás a lán lán d'fhilí an domhain "fhorbartha" agus an pobal tar éis iad a thréigean dá dheasca sin.

Má tháinig Lí Pó agus Óivid i gcabhair air, níor lig a sheanmhuintir síos é ach an oiread:

Le gach anáil dá dtarraingim
mothaím ag éirí iad ina nduine
is ina nduine as mínte m'aigne ...

Ach, ar ndóigh, níor lean Cathal béasa a shinsir agus sa mhachnamh macánta a dhéanann sé ar a chás, admhaíonn sé nach bhfuil sé in ann iad a leanúint:

mise nár thóg claí, nár threabh gort,
nár ghin mac nó iníon dár ndúchas,
dár gcineál. Is bocht liom mo chás

iad a fhágáil anois gan oidhre óg
is fód mo dhúchais ag gabháil seasc
i Mín na bPoll, i bProchlais is i Mín na gCopóg ...

Bhí sé riamh in ann leas aoibhinn a bhaint as logainm-
neacha, mar is eol dúinn, ach anois is cuid de liodán
éifeachtach bróin iad na hainmneacha céanna. Smaoinigh
ar an dochar uafásach a dhein galldú na logainmneacha in
Éirinn agus smaoinigh go bhfuil an galldú sin ag tarlú i
gcónaí; cuir tú féin i mbróga an fhile anois agus é ag
éisteacht leis na fámairí sa dúiche aige, iad

Ag déanamh iontais
den tsleán, den speal, den tseisreach.

Iad ag béarlóireacht
go teanntásach,

beag beann ar gheaftaí,
beag beann ar Ghaeilic.

Cogadh an teideal atá ar an tríú rannóg den leabhar
fíorshuaithinseach seo ina leathann Cathal a chanbhás
amach chun cur síos a dhéanamh ar staid fhuilteach an
domhain faoi láthair. Sé chuid atá sa dán corraitheach
Cailín, Cúig Bliana Déag, as Baghdad ag Inse a Scéil agus
ba mhaith an cleas é an cogadh a fheiceáil trí shúile
déagóra. Nár bhreá leat cailíní scoile na hÉireann a shamhlú
agus an dán éachtach sin á léamh acu, nó, go deimhin,
cailíní ar fud an domhain agus an port seo ag gach duine
acu i ndiaidh a léite dóibh, nach bpósfadh siad fear troda
go deo. Chuirfeadh sé sin stop le cogadh, stop gairid ar aon
nós. Ní inniu ná inné a thosaigh an chogaíocht agus
tagraíonn ár gcairde, filí an Ríora T'ang, go minic di –

"gorm é deatach an chogaidh, bán iad cnámha an duine," a deir Dú Fú.

An Saol Eile a thugann sé ar an gceathrú cuid den leabhar seo agus éinne a léigh a chuimhní cinn, tuigfidh sé gur saineolaí ar an saol eile ab ea a mháthair. Níor bhuaileas léi ach uair amháin; b'fhéidir go ndéanfaidh mé comhrá ceart léi lá breá éigin amach anseo, beannacht Dé léi agus beannachtaí na sióg:

> Ó chaill siad a dtiarnas
> os cionn talaimh
> tá siad dulta ó shúil
> an daonnaí, ina gcónaí
> ansiúd ar an uaigneas
> idir an dá sholas
> ina ndúnáras rúin
> i lúb na locha ...
>
> (as *Bean a bhFuil an Galar Dubhach Uirthi ag Caint ar na Sióga*)

Táid ann ar ndóigh agus go rábach, na daoine maithe, agus ní bhainfinnse dá gcáil go deo ach i gcomhthéacs an leabhair seo d'fhéadfá a mhaíomh go seasann siad do mhionlach ar bith, filí, homaighnéasaigh, Gaeil. Murach go rabhadar róchliste dó mar shlua sí, is dócha go mbeidís carntha i sluachampa géibhinn fadó ag Hitler!

An cúigiú cuid den leabhar seo, *An tEaragal*, is dán fada é ina chúig chuid is fiche, an paeón is breátha ar fad, is dócha, i nuafhilíocht na Gaeilge. Tá an tseanphágántacht linn i gcónaí, buíochas mór le Dia na Glóire:

> Ár gcuradh réidh,
> sciath ghealaí i do dheis
> sleá gréine i do chlé.

203

I do cholgsheasamh
agus faoi riastradh,
ní baol dúinn an anachain,

Agus tú sa bhearna bhaoil,
a fhir ghnímh,
a Mhic an Eargail—

Comóradh 1916 Curtha ar Ceal

Tá Comóradh 1916 ar ceal! Ó mo thaobhsa de ar aon nós. Ní bheidh mise á chomóradh. Cén fáth san? Bhí gá le hÉirí Amach 1916. Gá le poblachtachas. Le náisiúnachas. Gá le Emmet. Gá le Tone. Agus na céadta eile. Na Peep O' Day Boys. (Chaithfeá a bheith i do shuí roimh ghiolc an ghealbhain chun breith orthu siúd.) Ach an bhfuil gá leis an náisiúnachas a thuilleadh? An bhfuil gá le náisiúin, le bratacha? Cuid riachtanach dár n-éabhlóid ar an bpláinéad seo ab ea an náisiúnachas ~ arm éifeachtach in aghaidh an impiriúlachais. Bhí meas riamh agam féin ar an náisiúnachas cultúrtha, an neamhspleáchas aigne agus an saghas náisiúnachais sin a chleacht an Mahatma, an easumhlaíocht shibhialta.

Easumhlaíocht shibhialta is ceart a chleachtadh sa bhliain 2016. Nach bhfuil idéil 1916 tréigthe againn, idéil an Ghaelachais ach go háirithe? Níl siad tréigthe agatsa, seans, ach nach bhfuil siad tréigthe cuid mhaith ag na meáin, ag an státchóras, ag an earnáil ghnó, ag státseirbhísigh, ag lucht siamsaíochta is ag "aes dána" na hÉireann trí chéile? Ar aon chuma, ní gá teanga a cheangal le náisiún. Bhí an Ghaeilge ann sula raibh náisiún againn agus beidh sí ann nuair a bheidh deireadh le náisiúin an domhain.

Fiú amháin dá mbeadh an státchóras is na dreamanna go léir thuasluaite, is dreamanna nach iad, tar éis a bheith dílis don Ghaelachas, an mbeadh 1916 á cheiliúradh agam? Ní bheadh. Tá an freagra i bhfoilseachán dar teideal *Against Nationalism* (Anarchist Communist Editions, Paimfléad

Uimh. 20, Meán Fómhair, 2009). Meabhraíodh dom agus mé á léamh nach gá féachaint ar an domhan mar scata náisiún ag iomaíocht lena chéile: "brat deataigh", fantaisíocht atá sa náisiún, brat a cheileann cath na n-aicmí. Níl "aon phobal" ann laistigh den "náisiún" ná leas náisiúnta ann a d'aontódh an pobal sin. Níl sa náisiúnachas ach paróisteachas eagraithe, dar le Paimfléad Uimh 20. Aisteach go leor, tháinig mise ar an Ainrialachas via spioradáltacht na hIndia. I dtraidisiún ársa Advaita na hIndia, ceistítear an nóisean atá agat den rud is féiniúlacht ann. Bristear síos an coincheap atá agat díot féin d'fhonn teacht ar an bhfírinne lom: ní tusa d'ainm is do shloinne, ní tusa do theanga, do chultúr, do chreideamh, do chuid tuairimí, ní tusa an aois atá agat, an jab atá agat, an chuma atá ort agus mar sin de go heireaball siar go dtí nach mbeadh lipéad ar bith fágtha. Tagtar ar an síol beo ionat sa tslí sin, an Féin atá neamhspleách ar na "fíricí" eile go léir a bhaineann leat, náisiúntacht, ar ndóigh, san áireamh. Bíonn trodairí na saoirse ag caint ar shaoirse ach le bheith saor i gceart ní mór duit gach lipéad a dhó.

Tháinig an náisiúnstát chun cinn i dteannta an chaipitleachais. Tháinig deireadh leis an Laidin agus chuir tionscal na clódóireachta le cumas lucht riaracháin gach áit, go háirithe i dteangacha na hEorpa; chabhraigh baincéirí is trádálaithe le leathnú na n-impireachtaí Eorpacha ar fud an domhain.

Sea, tá a lán le slogadh sa mhéid sin. An iomarca, b'fhéidir, ach nílimse ach ag iarraidh a bhfuil sa phaimfléad thuasluaite a thuiscint i gceart agus is mór an áis a bheith in ann smaoineamh mar seo os ard! Ar aon nós, chuir Réabhlóid na Fraince a stampa breá ar "cheannas an tsaoránaigh: agus ní bheadh aon 1916 ann murach sin, is dócha. Ach an mbraitheann tusa ceannas seo an tsaoránaigh? Bheadh fonn orm 1916 a cheiliúradh dá mbraithfinn.

Agus na náisiúnstáit ag teacht chun cinn go rábach, bhí gá le gliú éigin a choimeádfadh slán iad. Scaipeadh idéal an "tírghrá" agus thacaigh na heaglaisí leis. Tacaíonn fós. Is maith linn go léir an grá. Cé a chuirfeadh in aghaidh an ghrá, in aghaidh an tírghrá? Cúpla duine ciallmhar, bail ó Dhia orthu, cúpla duine a theith ó pháirc an áir sa Chéad agus sa Dara Cogadh Domhanda ~ agus gach cogadh ó shin. Níor lucht sniffeála an ghliú sin iad. Mo ghreidhin go deo na tréigtheoirí!

Tírghrá? Abair é sin leis an mBanc Domhanda, leis an Eagraíocht Dhomhanda Trádála, le NATO agus a gcairde. An mbeidh ionadaithe ó na heagraíochtaí sin i láthair ag Comóradh 1916? Conas a aithneofar iad? An mbeidh adharca orthu? Nó an mbeidh siad cosúil leatsa, cosúil liomsa?

Seasamh in aghaidh an impiriúlachais ab ea Seachtain na Cásca. Ní féidir an seasamh sin a chomóradh agus árfort déanta ag na Meiriceánaigh d'Aerfort na Sionainne chun cogaí impiriúla a fhearadh i gcéin.

Mar fhocal scoir. Cad a chuirfinnse in áit an náisiúnstáit? Tá na hainrialaithe an-soiléir ina thaobh: domhan gan teorainneacha, gan náisiúin, saortheacht ar tháirgí daoine chun riachtanais daoine a shásamh, domhan gan stát a ligfeadh dúinn bláthú gan choimhlint inár neacha cruthaitheacha dúinn.

Domhan mar sin, b'fhiú é a cheiliúradh.